U0142634

長期照顧
正念多元方案設計
與實證操作手冊（二版）

老人（銀髮族）、身心障礙（心智
與精神障礙）朋友以藝術、園藝、
行走、牌卡、桌遊為樂齡活動帶領

林義學 編著

五南圖書出版公司 印行

為什麼在長期照顧領域推動正念多元活動

正念是什麼

正念是個人覺察於當下的想法。許多人聽到正念，想到的第一件事情，都會以為與宗教有關，或「靜坐」不就是一種宗教嗎？其實一開始確實與東方的宗教有關，但在西方卡巴金博士的方法中，慢慢的褪去宗教的色彩。

正念對我的幫助？透過正念的練習，幫助自己能夠感受到當下自己的想法。這樣的方法，或許感受不出特別性，但是這種方法卻能大大的幫助自己。特別是覺察的訓練，當自己的覺察能力逐漸提升，相對地對於自己的各種念頭與覺察能力即是不斷提高，容易分辨自己產生的各種想法與意念，同時自己是否正在受到不同意念的影響，而使自我逐漸迷失。正念配合著呼吸的方法能夠讓自己平靜，自己從中學習接納與放下各式的念頭，讓自己的自我能覺察情緒，同時不被情緒所左右，關注於當下的自己，我想這是學習正念最大的幫助。

所以「正念」可以幫助我們更去認識自己、接納許多觀點、感受自己的身體、接納自己的身心，讓自己成為自己生命的主人，以更客觀的方式面對我們當下的人生，這也是筆者整理近三年推動正念多元活動的原因與期望。

銀髮族長輩給我的見證－當下的快樂

　　從 2019 年接觸正念開始，一開始自己懵懵懂懂，在正念的學習過程中，獲得許多的放鬆。當自己開始覺得學習正念對自己好像有幫助了，總想了解對他人是否一樣可以有所幫助，於是開始帶著學生與不同的長輩一起進行正念藝術活動，正念藝術活動在國外也是一種被應用於幫助對象紓解壓力、改善疼痛與提升生活品質的方式之一，於是帶著學生開始參與各項有關正念藝術的帶領，包括正念行走、正念園藝等活動。

　　在活動開始前，為了解正念的幫助是否真實，於是我們結合了不同的心理量表以及相關的實務觀察，希望能夠了解正念在臺灣的老人照護領域，對我們的長輩是否會有所幫助？以及幫助的情形？雖然蠻多文獻證實正念對於不同服務對象是有所幫助的，但在長照領域裡，相關的研究甚少，所以與學生開始進行一連串的活動設計與執行。

　　每當在活動的過程，面對不同的長輩，有生理情形差異不同的長輩，也有心智與憂鬱情形不同的長輩，我們只是很單純試著去做，每次活動後我們也邀請長輩們分享，但是長輩們總是說「很開心」、「很好啊！」問長輩怎麼好？「我覺得比較放鬆」、「我覺得身體哪邊比較不痛了」……，長輩每次都很期待我們單位帶領的正念活動，他們覺得就

是一種身心的放鬆，支持著我們不斷與長輩一起進行正念活動。

　　雖然長輩們分享不多，但每次討論間看到長輩進行完正念活動帶給我們的笑容，我們都覺得很開心，當下長輩的笑容是最純真的感受，讓我們看到正念的幫助與長輩的喜悅，這真的是當下最開心的事情。同時為了解對於長輩的客觀助益，活動後我們會結合相關量表進行後測的分析，以客觀的數字衡量帶給長輩的助益，藉由實務感受與客觀數字間的結合，使正念的效果更為務實的表達出來。

身心障礙朋友給我的觸動－靜坐的驚訝

　　猶記得自己與學生一起到教養院時，心智身心障礙朋友的理解能力，使其在參與正念園藝活動時無法專注與理解我們表達的內容。當下作者想說與同學們一起試試吧，或許能給身心障礙朋友帶來一些不同的幫助，我們希望能與心智障礙朋友一起學習成長，分享正念園藝活動帶給自己的益處。

　　前面幾次正念園藝活動，心智障礙朋友不太理解我們的話語，當進行正念靜坐時，他們還是選擇在教室中做著自己的事情，但由每週進行的正念園藝活動中，我們也看見了心智障礙朋友逐週的進步，一直到了第六次，心智障

礙朋友幾乎可以靜坐將近 20 分鐘。那次之後，作者與學生有種不可思議的感受。多數極重度心智障礙的朋友，卻可以在不依賴特定藥物的情況下，安靜的靜坐將近 20 分鐘，並且順利的參與園藝活動，這對筆者與學生都是種不可思議的感受，這樣的效果持續到了最後一週活動結束。

針對這件事情與成果，筆者詢問了其他學習正念的朋友，仍無法獲得特別的解釋去說明為何正念園藝活動可以達到這樣的狀態，但這無可置疑地是一種美好的成果，我們一直希望讓心智障礙朋友們可以有更好的生活品質，也可以有自主與更好的身心活動，初步而言已有小小的效益，未來還需要更長時間與更多的實務成果來證明，但至少目前我們看見了不可思議的改變。

自我的改善－擺脫情緒的枷鎖

從學習正念以來，自認對自己的幫助很大，所以支持著自己與帶領同學進行多場正念活動的研究。

過往忙碌時，感覺自己是被事情拉著跑，而面對外在的環境多變，其實更顯現自己的無力，面對環境也能感受到壓力，甚至無法控制情緒，使自己容易受情緒所影響。

自從學習正念，自己對於許多的壓力，第一時間不是

選擇用情緒面對壓力，而是不自主的選擇以覺察的方式看待所發生的一切，更以平靜的方式看待許多的事物，慢慢地能夠讓自己以接納的態度，正確面對更多的事情。尤其是當遇到壓力與問題時，自己能選擇不被情緒所控制，而是正視事情的發展，評估選擇事情的解決方式，讓自己有更多的自主空間，將自己的心安定好，讓事情得以更圓融的處理。

面對事情－更能專注於當下

因為正念的訓練與學習，現在面對事情，可以不斷的覺察自己、感受意念。於是生活中面對許多事情，會把自己視為一座高山，去覺察任何眼前飄過的浮雲，這些浮雲即是自己的任何念頭。

過程中自己並不被這些念頭、情緒或狀態拉著走，而是選擇「觀看」自己怎麼了？這麼多事情，自己要如何處理？更能專注於當下，選擇專心做好一件事情。

過程中，自己的心中意念、覺察與面對事情、專注的能力更提升了，所以能讓自己處在「多工」的狀態，且能逐一的處理每件事情，不被情緒所影響，自己也能掌握當下應當完成的事務。當面對各種工作時，是很有幫助的訓練與學習。

關於學習正念，許多的研究與書籍都會提到許多好處，而筆者自己有切身經歷，以及與不同的長照單位合作，過程中見證更多人學習正念的親身感受與對自我的助益。在此，僅以自己的經歷、研究與學習，將正念運作方式與操作過程與大家分享。

活躍老化‧快樂學習

　　苗栗縣老年人口統計至 2021 年 11 月底止，計有 95,470 人，老年人口比率高達 17.7%，屬於高齡社會，顯然本縣的老人服務議題非常值得重視。

　　近年來本縣積極推動長期照顧服務 2.0、建構長期照顧服務 A、B、C 照顧網絡，並在各式社區中設立社區關懷照顧據點、長期照顧 C 據點、部落文化健康站、失智友善社區與樂齡中心等多元長期照顧服務連續體系，使在地的長輩可以獲得各式健康、多元、休閒、社會參與、健康促進等多元的長期照顧福利服務。

　　客家諺語中提到「眼看千變，不如手做一輪」。意思是指親自動手做才看得到效果。設籍居住在竹南的義學老師，正是體現這樣的客家精神表現，書中為長輩設計的活動包括有「藝術」、「園藝」、「行走」、「牌卡」與「桌遊」等各式實作與創新的活動，義學老師並親自帶領育達科技大學社會工作系的學生，親自與長輩一起互動與學習，為長輩各式活動進行單元設計、規劃活動步驟與拍攝活動過程照片展現於書籍中，以及數字化呈現長輩課程服務後的效果，顯現了帶領長輩「動手做」後服務的效益，讓在地長輩在老年生活，可以獲得多元的休閒與社會參與活動的快樂，使在地的長輩，感受到照顧樂活與以及慢活的幸福苗栗。

苗栗縣縣長

徐耀昌

2022.01.01

讓在地長輩更幸福

　　林義學老師這幾年來到苗栗工作，持續與在地的社區有所互動，尤其是投入在地的長期照顧服務工作與心理支持工作。去年也承接了教育部的產業學院補助計畫，使得有更多機會得以在在地的社區服務。

　　林老師在正念多元介入方案中，帶領學生到不同的日間照顧中心進行正念實務操作，可以提供給長輩關心，也帶領長輩進行藝術、園藝與行走的服務，同時也開展幼青老共學的工作。在計畫執行過程，林義學老師也進行相關的實證驗證工作，使得相關服務有了研究結果。

　　本次著作的產生，即是來自平時的工作、研究以及相關的實證結果，這樣的實證結果有助於讓幫助長輩的實務工作發展得更好，同時也提升老師的理論與實務結合的能力。

　　本書林義學老師分享了許多實務的操作流程、技巧、步驟以及成果照片，讓讀者可以實作與參考，也有相關的表單，整本書屬於相當實務的著作，有助於對於長期照顧與正念多元介入方案有興趣者學習。

王育文 謹識
廣亞學校財團法人育達科技大學董事長

長輩服務多元化生活更開心

　　恭喜義學老師，在初版出書後，半年間很快地獲得長照界的肯定，洛陽紙貴，緊接著出版第二版，顯然「長期照顧服務」是產官學界關注的議題。本書淺顯易懂，對於正在服務長輩的實務工作者，可以跟著書籍操作，書籍充分發揮了「上班即上手」的撰寫呈現，讓市場的接受度很高。

　　書中正念為導向的服務結合了「藝術」、「園藝」與「行走」的活動，新版又新增了「牌卡」以及「桌遊」兩個活動，這幾個部分都是長期照顧以及相關助人領域較常結合的媒介，義學老師透過帶領學生實作，將這些概念一步一步地呈現在書本中，讓讀者更好的學習與操作，這正是本書的特色與優點。

　　義學老師多年在苗栗地區推動長期照顧服務，同時除了帶領學生實踐以外，也結合研究實證的方式讓許多的服務效益被一一呈現，對於實務的效益；也提供了參考的資料，值得讀者運用與推廣。

育達科技大學校長／國立高雄餐旅大學觀光研究所教授

校長黃榮鵬　於苗栗造橋

長期照顧融入多元遊憩生活更顯豐富

　　這幾年臺灣逐漸流行多元的手作與休閒活動，例如園藝、桌遊等，透過這些遊憩活動，可以讓參與者感受到開心，這也是活動所期待的目的。

　　義學老師在長期照顧服務中，擅長結合多元的遊憩活動融合於服務對象活動中，帶給服務對象開心以及正向的社交與人際發展，使服務對象的生活可以結合多元遊憩開展更多開心的樣貌，獲得更多生活的喜樂。

　　歡迎讀者一起操作多元的遊憩活動，帶領服務對象從中獲得喜悅，也讓生活變得更豐富，這是值得一起推動的活動，在助人中讓服務對象與自己都可以獲得開心，也是助人活動中最美麗的事物。

育達科技大學副校長／育達科技大學科技創新學院院長暨教授

 於苗栗造橋

以科學態度學習正念實務、以多元角度結合社會服務

　　在助人服務中也需要研發的能量嗎？是的，而且可以讓助人活動變得更專業、更系統性與更科學化。

　　在義學老師的著作中，可以看見義學老師不斷地嘗試以科學化的研發角度，將助人的理論與多元的遊憩活動進行相互結合，讓不同的理論與實務可以檢驗、融合，並著手實踐。因為這樣的運作方式，讓義學老師的著作具有科學化的理論與實務的驗證價值，同時也使得多元助人服務得以被有效運用及實踐。

　　從著作中可以看見義學老師在平日教學活動之餘，以科學研究為體，結合步驟化的驗證程序，每項步驟均有實務照片分享與佐證，同時含括計畫書的撰寫模式、方案設計以及相關社工服務的專業表格於其中。讓此著作成為一本可以參考及立即運用於讀者實務工作中的工具書。不僅可以讓實務界朋友能輕鬆、有條理地開展與運用，更是平日社會服務的工作上，遇到問題時的解惑工具。

　　期望義學老師的這本著作，能為社工服務的專業實務操作，注入科學化的研究與應用價值。

育達科技大學副校長／研究發展處研發長

 於苗栗造橋

多元樂活 · 開啓快樂老年生活

　　恭喜義學老師的正念長期照顧服務一版銷售完畢，隨即出版二版書籍，新增「牌卡」與「桌遊」的服務活動，讓實務界的朋友可以參考允用在長期照顧服務。

　　苗栗縣長期照顧服務的對象逐年增加，目前苗栗縣的高齡人口突破 17% 比率，預估 2025 年苗栗縣高齡口會突破 20%，使得苗栗縣即將進入超高齡社會，所以照顧好長輩的服務，是苗栗縣非常重視的項目，這幾年議會也都支持苗栗開展許多的長期照顧服務，讓長輩可以獲得良好的照顧服務。

　　在本書中，義學老師介紹了「藝術」、「園藝」、「行走」、「牌卡」與「桌遊」等項目，對於接受長期照顧服務或者是樂齡的長輩，其實均相當受用，也顯示對長輩的長期照顧服務不是只有單純的身體照顧，也要關注提供長輩的休閒以及心理層面的活動。

　　本書中，義學老師的活動設計，都有很清楚的步驟與照片，這是這本書最大的亮點，就是非常的實用，同時也有相關的評估與撰寫的表格，可以讓現場的工作人員進行服務的紀錄，所以是一本非常值得推薦的工具書，期待能透過此書，讓更多的長輩獲得多元的服務，有更開心的老年生活。

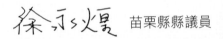 苗栗縣縣議員

透過多元遊憩服務讓服務對象更開心

　　臺灣自 2018 年邁入高齡社會，很快的 2025 年即將邁入超高齡社會，屆時老年人口將來到臺灣社會總數的五分之一。此時恭喜育達科技大學林義學老師，出版有關長期照顧服務多元手作與媒材的書籍，提供相關的實務工作者可以進行閱讀與實務實用。

　　義學老師的書籍特別將相關長期照顧服務實務常用的計劃書、表格，融合多元的實務課程，進行系統性的設計與說明，可以運用於老人、身心障礙朋友以及多元的服務對象，是一本實用性相當廣泛的書籍。

　　尤其是林義學老師結合實務與理論的科學與驗證，使得相關的助人服務之成效，可以具體的被展現與說明，顯現林義學老師在理論與實務結合之能力，並使相關讀者可以輕鬆地學習與參照，非常值得相關的助人工作者可以運用與學習，值得推薦於有興趣於助人團體的實務工作者。

方進興　苗栗縣竹南鎮鎮長

讓長期照顧服務看見心理的照顧

　　義學老師這幾年投入許多心力在苗栗的長期照顧服務界，看到義學老師的新書出版，感到非常的開心，義學老師長期投入照顧服務實務有了寶貴的結晶，對於苗栗在地的長輩與服務同仁都是非常棒可以運用的書籍。

　　這幾年義學老師在苗栗縣默默耕耘，對於長期照顧服務對象的朋友，包括老人與身心障礙朋友等，都帶領許多的實務活動，包括樂齡中心的長輩以及照顧者等，帶給這些參與者許多的心理紓壓活動，以及讓參與者都獲得許多的助益。

　　看見義學老師將每次的活動，改寫成操作手冊與方式，以及帶入許多的驗證，覺得義學老師是相當實務的學校老師，不只是理論，同時兼顧了實務的面向，這是相當難能可貴的，所以此書的出版其實相當的不錯，可以做為實務界與學術界連結的方式，促成更多的助人服務，以及讓助人服務更有效益，祝福義學老師。

　　　　　　　　　謝文福　苗栗縣竹南鎮公所機要祕書

看好了，這本書為您示範社會工作的正向身心療育模式！

　　這十年來，國內盛興正念訓練（或稱正念療法，也有人譯為內觀療法）。而所謂正念，並非意指正向信念。正念，原是佛教用語，意思是「時時繫念、警覺、留意於正確認識到的事物」。

　　美國麻州醫學院榮譽教授，喬‧卡巴金（Jon Kabat-Zinn）認為正念是「一種刻意的、在當下的、不具批判性的特殊專注方式」。喬‧卡巴金參考東方禪修精神，除去宗教與文化色彩，發展出正念訓練。

　　隨著現代人的壓力益增，以及著重身心健康的意識增強，正念訓練廣泛受到應用，正念呼吸訓練、正念減壓、正念諮商、正念社工訓練、正念藝術治療、正念領導力訓練、正念兒童教育……等如雨後春筍般陸續展開。

　　本系林義學老師一直是追求新知與樂於成長，更是勤於實踐與執行的助人專業者，樂見義學老師將自身對於正念的體會，融入社工方案與教學實踐中，並積極整理經過實踐與成效評估之行動方案與活動設計，不吝於分享與推廣，實為有志於投身正念訓練與助人專業服務工作者之福。亦期許義學老師此作品能帶動更多社工專業人員學習自我關照，且嘉惠服務對象。

沈湘縈 謹識

育達科技大學社會工作系副教授兼系主任／諮商心理師

多元的媒材讓長輩的服務更多元

　　很高興能支持義學老師，有關長期照顧的服務實務，近年來因為臺灣邁入高齡社會，高齡服務的議題顯得重要。義學老師多年投入長期照顧服務的活動帶領，以自身經驗與實務帶領，產出此書籍，讓課堂的活動與實務產生更多的結合。

　　一版的設計獲得很高的接受度，讓二版的風格依照一版的風格呈現，本書中，義學老師延續一版的風格，其中增加了新的活動操作與呈現，讓本書的操作內容更加豐富，讓長期照顧議題中多元的服務對象均能納入到服務中。

　　書籍中，義學老師讓團體活動與效益能同時呈現，使得活動不單單只是活動，而是透過活動能帶來助人的效益，讓活動的面貌顯得更多元，這也是本書予以推薦的部分。

育達科技大學社會工作系師長

社區長輩心理支持的好方法

　　臺灣這幾年邁入高齡國家的腳步愈來愈快，苗栗縣也突破了 17% 的老年人口，預期再過不久苗栗縣即將邁入超高齡社會，所以這幾年社會處積極持續布建關懷據點在不同的村里，由各個關懷據點提供在地老人所需要的服務。

　　我們所服務的長輩，多數身體健康，這些長輩均在我們的社區中，目前我們透過各個社區關懷據點，串起 18 個鄉鎮的服務，提供老人共餐、高齡運動、樂齡休閒、教育以及心理支持與關懷服務。

　　林義學老師這幾年持續在關懷據點從事有關直接服務與輔導工作，並且導入正念療法，關注社區中老人的心理議題，例如憂鬱症狀，也在本書中看見林老師將正念療法帶入關懷據點操作後，對於老人的憂鬱症狀有顯著的改善效果，所以也歡迎林老師可以有更多的實證在不同的關懷據點，關心老人的心理健康與發展相關實務的心理預防工作。

　　本書作者林老師也分享在關懷據點的操作課程、操作流程、紀錄表格與量表，對於助人服務的科學化、數據化可以有所帶動，期待能讓社區實務工作有更多的實證產出，一起造福苗栗在地長輩。

苗栗縣政府社會處副處長

當長期照顧遇見正念

　　苗栗縣屬於山城，近年來老人已經突破 14％，至 2020年底已高達 17.16％，顯示苗栗縣有眾多的老人需要被關懷與支持；再加上身心障礙長期照顧的受照顧人口群，在苗栗縣顯然需要被關懷與支持的人口就更多了。

　　義學老師這幾年陸續承辦苗栗縣相關長期照顧調查工作，並且結合教學資源，多年投身居家服務、日間照顧中心、失智據點、巷弄長照 C 級據點、護理之家的直接服務與照顧服務員培訓，近年更將正念療法結合多元的介入方式，並且以相關科學化量表，調查服務對象在接受服務前與服務後之差異情形，得以彰顯正念多元的方案在實際護理之家、日間照顧中心、失智據點、巷弄長照站、身心障礙機構等使用實證情形，以說明正念療法在長期照顧單位的使用效益。

　　實屬難能可貴，將多年的實務投入與實證結果整理成書籍與公開分享，並提供相關運作的課程設計、計畫流程、紀錄表單、滿意度表單以及量表等資料，並說明簡易的操作步驟，相信將有助於多元正念療法的推廣，是明顯易懂的工具書，可以作為實務服務的參考用書。

2021.05.11

苗栗縣政府長期照護管理中心主任

從正念讓受助者找到心中的平靜

　　很高興與林老師在教育部的計畫上可以合作，林老師從 2020 年開始進行正念療法在老人領域與身心障礙領域結合心理議題的研究。2020 年底與林老師進一步在教育部計畫的合作，林老師利用此次的機會，將這兩年的研究計畫、產出與成果編輯成正念療法在實務運用手冊，分享操作的過程，讓大家可以了解正念對於受服務對象的幫助。

　　林老師在書中進行了大量的活動操作、心理狀態的檢視與差異性分析，符合了未來政府在社會安全網計畫中，所關注有關服務對象心理狀態之介入輔導，尤其是對於老人、身心障礙朋友等服務對象所關注的團體活動，也回應了社會安全網對於以家庭為中心的老人與身心障礙者之心理層面的輔導工作，恰恰回應了社會安全網所關注的服務對象與心理議題。書籍內容，林老師的活動都有分享正念結合多元媒材的操作步驟，這些活動看似平凡，可是經系列操作及結合量表的統計結果，可以看出對長輩與身心障礙朋友的心理與生理之幫助。以化繁為簡的方式呈現理論、操作、檢核過程以及效益，所以本書閱讀起來不複雜，讓複雜的知識成為可以被操作的技術。

　　林老師利用正念療法的理論與結合多元的媒材，並結合實務的經驗，以及驗證後的成果，可以作為相關心理衛生議題多元輔導活動介入方法之其中一項，讓照服員、社工、護理人員等專業人員，平時可以透過正念獲得自我幫

助。如果想要在工作場合運作，進行團體活動的帶領與設計，也可以參考運用，所以是一本多元且可以達成自我幫助以及幫助他人的書籍。值得有興趣在心理議題服務之相關實務工作者，進行工作上參考之用。

涂麗秀 謹識

苗栗縣政府毒品防制及心理衛生中心主任

帶長輩一起學正念

　　閱讀林老師的作品可以看得出林老師多年來致力於長期照顧服務領域裡結合正念療法的運用與研究，可以透過此書得知對於長輩們的實際成效。在本書中，林老師也深入淺出的透過圖表說明對於服務對象的實際幫助，亦經由數據客觀的表示對服務對象的效果，其實是一本螢淺顯易讀的參考書籍。

　　本書最好的地方在於林老師將多場活動的課程設計與流程以實施情形表現出來。所以對讀者而言，可以在實務操作上跟著簡易的流程演練。整體的課程設計有其連貫性，也結合了實務工作者在業務上可能會使用的測量表格、計畫格式與紀錄格式等均有詳細提供。

　　最後希望各位讀者們可以仔細參考本書內容裡有關實務操作部分，是值得應用於職場上的工具書籍。

邱青煒

苗栗縣私立孝親關懷協會理事長

黃寶蓮

苗栗縣私立孝親關懷協會創會會長暨執行長

聯合謹識

心懷正念～人生「Update」

　　團體工作為社會工作領域中很重要的工作方法之一，所以在社會工作者的養成教育中，雖然有課程教授，但實際操作卻少之又少。對於本人而言，團體工作則是我這近 20 年來的社會工作生涯中最常操作、運用的工作方法。一個團體從陌生、熟悉、溝通與合作、共同解決問題到最後的結束，工作者在操作團體的過程中，從中觀察、探詢參與者的問題，透過團體間的分享來讓參與者感受、了解問題、透過引導分享，讓團體間成員共同討論分享解決問題的方法，以及反思未來面臨同樣的問題，如何運用正確的解決方式來達到團體操作的目標。但是這樣的團體規劃、設計與操作卻是新進社會工作者無法透過學校課程教授可以學習的。坊間有許多教導團體工作的教科書，但多重於學術研究結果展現，對於操作過程及經驗傳授卻少之又少。

　　作者邀請本人撰寫推薦序前，本人一直認為正念療法應該比較偏向某特定宗教的觀念，但在看完作者這本《長期照顧正念多元方案設計與實證操作手冊》後，除了對於正念療法有所改觀外，對於正念療法的定義為「將專注力導向於當下目標而產生的一種意識形態，並且不加批判地對待當下所感受到的各種感受與體驗」，而有很深的感觸。專注力、感受、體驗與反思是團體工作中非常重要的概念，而正念療法的定義卻能夠用短短的兩句話包含了社會團體工作最重要的精神與操作內涵，光憑這點，本書就值得推

薦。當然推薦的原因還是在於這本書，包含了方案設計規劃與操作，透過實際規劃設計的方案與操作，甚至作者將團體執行的過程做成效分析，讓這本操作手冊除了方案設計與操作外，更多了實證研究的真實，除了初學者可以輕易上手外，對於團體帶領多年的我，也有更多不同的學習與探究。

團體帶領的學習、設計與操作，建議讀者可以透過這本操作手冊，來學習與感受，相信可以給讀者在這個領域中有所收獲。

徐于禾 誠摯推薦

苗栗縣社會工作師公會理事長

苗栗徐月蘭基金會執行長

培養天地正氣的最佳策略即是正念

　　這本「正念的書」是一本能讓我們得到許多啟發與反省及培養天地浩然正氣的實踐及好書。它不僅傳達了林義學老師在研究上的深入體驗與智慧，而且也引發了我對此書的一些相關想法，甚至參與討論的濃厚興趣。

　　正念是培養樂觀進取的人生觀的基石。

　　研讀林老師的「正念」，引發我對「中國正宗靜坐」之聯想，有許多見解與作法及實踐必須透過「實務實作」，如人飲水冷暖自知，從身體力行中，驗證其中之真正意涵，且有科學與哲學之依據，具有研讀與創意的可讀性、驗證性！

　　書中特別針對社區資深長者及身心障礙者日常生活中面臨生理、心理及人際會關係所形成之多元綜合壓力，若能以「正念」加上如何「轉念」，即時訓練自己面對危機與轉機這個過程中，必須要有專業的師資與安排課程加以培訓，從改變「觀念」做起，循序漸進，必能提升我們服務的對象，將「正念」與生活相結合，一切唯心，心能「常靜常樂」，人生自然能體悟「生命中充滿自然，自然中充滿生命」是最高境界！

　　林老師把教學的豐富經驗並結合服務機構之實務與長者、身障者之互動，研究累積知識，彙編成《長期照顧正念多元方案設計與實證操作手冊》一書，全書聚焦於「正

念」之運化導引念力，輔以「實例」分享指導經驗，嘉惠
更多學子，本人敬表感佩並謹做推薦。

唐時聰 謹識
社團法人中華民國特殊園區永續關懷協會理事長

自序

　　這幾年一直忙於教學、執行社工方案與相關研究，而忽略了內在的關注與覺察。直到接觸了正念課程，使自己對於內在覺察與行動有所覺知，開啟了對「正念」之關注。期間適逢執行相關計畫，有機會於長期照顧服務領域執行與驗證效果，同時為了擴展正念與不同媒材的結合，乃擴大媒材的使用與活動設計。

　　數年間感謝一路支持的長官、師長、好友與學生，使今日正念多元媒材有關的操作手冊有機會付梓。首先感謝「109 年度教育部補助技專校院辦理產業學院計畫——正念療法身心健康促進實務研究與推廣精進師生實務職能方案」，使正念療法導入長期照顧服務機構有系統性的運作；筆者最感謝的人是育達科技大學王育文董事長經營育達科技大學，使筆者有機會從事教學與研究工作，並感謝育達科技大學黃榮鵬校長、王榮祖副校長、龍清勇副校長、人社學院陳儒晰院長、觀餐學院侯致遠院長、社工系沈湘縈主任、陳燕禎副教授等校內師長支持，亦感謝國立暨南國際大學社會政策與社會工作學系博士班黃源協指導教授一路的陪伴、開南大學健康照護管理學院郭毓仁教授（更是筆者學習園藝治療學習的啟蒙老師）、苗栗縣社會工作師公會徐于禾理事長，感謝多位長官、老師支持正念療法在社工實務界的開展與實證，讓本書有機會付梓。

　　在正念推展實務與驗證上，感謝苗栗縣政府社會處、苗栗縣政府長期照護管理中心與苗栗縣政府毒品防制及心理衛生中心三者單位的支持，支持在地關懷據點、日間照顧中心與相關服務對象心理議題的發展，並支持正念推展之服務方案，使筆者有機會在地實踐與服務。過程中，特別感謝數個單位的支持，是計畫執行的關鍵，一是苗栗縣私立孝親關懷協會邱青煒理事長與黃寶蓮創會會長暨執行長，因為有了彼此開展合作的機會，得以通過教育部計畫，後續得以持續執行；另感謝苗栗縣大千慈善基金會與曾怡芬課長、陳美貝社工督導與廖翌如社工督導，提供三間日間照顧中心正念療法導入的合作機會，並分別進行不同方案之開展；感謝苗栗縣宏光護理之家潘嬌負責人，讓我們有機會帶領住民一起進行正念藝術活動；感謝台中市私立常春老人養護中心黃林揚主任與蔡瑞主任；西湖分駐所黃建智所長對於正念療法在社區長照長輩服務的關注；亦感謝財團法人臺中市私立馨安啟智家園賴俊旭院長與江美羚社工督導、高妤君教保督導等同仁，與社團法人中華民國全國特教園區永續關懷協會唐時聰理事長等身心障礙單位，一路支持正念園藝療法在身心障礙單位的推展，期間我們看到了在非藥物療法的運作下，正念園藝療法對於身心障礙朋友的幫助；最後感謝社團法人私立彰化縣氼本快樂協進會的陳泫霖執行長與施惠琪主任的相挺，讓最後的書名有畫龍點睛之效，最後也感謝家人提供相關諮詢與修訂工作。

　　還有一路走來苗栗縣政府社會處簡國榮社工、社團法人苗栗縣全人關懷協會張文斌總幹事、黃馨誼社工督導、社團法人苗栗縣苗北慈暉關懷協會王采容總幹事、育達科技大學社會工作系江士昌助教、楊念庭、吳芷華、林怡嘉三位同學共同參與研究計畫，以及葉大菱、張純純、田蘊婷、廖紫延、蔡惠先、溫雅琴、劉昀柔、楊琇雲、林芳如、張碧晏、陳佳妤、于大鈞、黃于庭、鄭世昌、游佳軒、林羽澄、謝佳勳、郭怡雯、林夢竹、劉瑋旂、邱尚宏、李逸鴻、劉美英、林純羽、徐渝棋、范永欣、劉宥均、陳春秀、江秉洲、陳湘蓉、呂冠瑩同學一起參與執行正念研究；鍾宜舫與劉瑞娟園藝活動參與者提供活動照片，使本書順利付梓，再次感恩一路支持的各位好友與同學。

　　筆者才疏學淺，幾經修訂付梓，若有疏漏，敬祈 方家指正為荷。

目　錄

XXX

1 老人老化特徵與影響

　　我國自 1993 年 9 月，老年人口達 149 萬人，65 歲以上老年人口占我國總人口數已達 7%，邁入高齡化社會，迄 2021 年 3 月底止，65 歲以上人數為 383 萬 2,743 人，占全國總人口數 16.29%，已超過高齡社會的標準（老年人口占我國總人口數的 14%）（內政部統計處，2021）。另依據行政院經建會推估，至 2025 年我國老年人口將達總人口數的 20.1%，達 470 萬老年人口（國家發展委員會，2020），進入超高齡社會。從人口數可見，老人族群已是我國人口結構重要且不可忽視的族群。

　　一般而言，老人容易因為生心理退化關係，逐漸影響日常的生活，老人常見的影響部分有：

一、生理影響

　　因為各項生理機能退化的影響，導致生理的各項感知、行動、功能與運作衰退等情形出現。

二、心理影響

　　伴隨退化因素，導致心理的認知、記憶、反應等能力退化，進而影響例如焦慮、易怒、壓力增加等心理與情緒的狀態。

三、人際社會影響

生理退化導致人際的維持、社交活動等頻率與品質降低，使得人際社會產生疏離、陌生、孤獨、孤立等人際困境。

四、生活品質

長輩的生活容易受到生理、心理與人際社會的影響，導致生活品質的下降。

對於長期照顧服務人員而言，照顧的專業目的在於透過不同方式與活動的介入，維持與提升老人的生活品質，以致快樂老化。

2　身心障礙者老化特徵與影響

　　我國的身心障礙人口數根據衛生福利部統計處（2021）統計至 2020 年 12 月底止，已有 119 萬 7,939 人，其中男性為 665,776 人，女性為 532,163 人（衛生福利部，2020），創下歷史新高，占總人口數之比率為 5.08%，與歷年資料相較，呈現逐年上升的趨勢。為解決身心障礙者可能遭遇的問題或滿足生活上的各項需求，身心障礙者的福利不僅要具有個別性、同時得兼具多元性及選擇性，使身心障礙者個別的特殊需求也能獲得重視，才能提升身心障礙者之福祉。

　　根據身心障礙者的老化情形，以時序年齡而論，老化現象多出現在 50 歲以前（林昭吟，2008），身心障礙者的老化相較於一般人，老化的年齡較早。然而因為老化，亦衍生相關服務需求，其需求包括健康醫療需求、心理適應需求、社交活動需求以及經濟安全需求（呂彥萱、陳心怡、唐怡楨、童伊迪，2014）。其中在健康醫療需求、心理適應需求、社交活動需求，在服務提供上，可以透過團體方案的介入，以謀求達到相關問題的改善；經濟安全需求則需要透過不同的制度以保障，以減輕身心障礙者與照顧家屬的經濟負擔。

　　有關老人與老化之身心障礙者，在生活服務上均同樣面臨生理、心理、人際社會以及生活之需求，這些需求受到老化之因素，導致不同的壓力產生，需要提供一定的支持以及適應方案，以增進其生活品質。

　　本書主要針對老人與身心障礙者平常所面臨之生理、心理、人際社會以及生活之壓力，以正念為基礎，結合多元的介入方法：藝術、園藝與行走，運用多元的媒介使正念為基礎之運作活動更為豐富，亦能以更多元的正念方法協助更多朋友。

3 正念療法概念與功能

　　「正念減壓療法」（Mindfulness-based Stress Reduction），是由美國分子生物學博士喬‧卡巴金（Jon Kabat-Zinn）所創立。1979 年，其於麻州大學醫學中心設立「減壓門診」與減壓課程，使病人疼痛直接獲得改善（郭梵韋，2016），並且使正念療法去宗教化，使不同的宗教信仰者均能學習，成為世俗的正念療法。

　　有關正念的定義，卡巴金博士（2003）定義正念乃是「一種將專注力導向於當下目標而產生的意識狀態，並且不加評判地對待當下所感受到的各種感受與體驗」，為目前學界廣為引用的，其操作型定義為「有意識且不帶評判地觀照當下」（陳德中、溫宗堃譯，2013）。正念療法包括「正念減壓課程」（MBSR）、「正念認知治療」（MBCT）、「接受與承諾治療」（ACT）及「辯證行為治療」（DBT）等四個層面。正念療法已被證實可降低許多不同疾病患者的負向情緒，並在疾病適應與心理健康上有正向成效（鄭雅之、黃淑玲，2016）。

　　正念療法主要幫助服務對象認知處於存在模式而非行動模式，藉由保持開放面對不同的經驗，覺察當下自我的想法、情緒與感覺，透過有意識的覺察，而避免自動化的行動（董淑娟、釋常佼，2014），以增進面對不同狀態時，個人能以有意識的方法，開展調適後的行為。正念也能結

合不同放鬆技巧或元素，增加放鬆的程度與範圍（翁雪芳、陳敏麗，2013）。其中譚紅珠（2019）的研究中提到，正念冥想可以顯著提高阿茲海默症患者的 MMSE 評分，改善認知功能。整體而言，從正念的相關概念及操作，可以發現正念療法能協助個體獲得正向的思考與行為，以因應外在的環境。

正念療法被運用於老人憂鬱相關研究顯示，如正念瑜珈對於減緩老人憂鬱傾向有顯著成效（張惠閔，2014），正念練習能促進身心健康、增強免疫力（Carlson, et al., 2004），並有助於提升生活滿意度、改善睡眠、減緩心理性造成的疼痛，以及減少對於酒精、物質濫用依賴者之復發等實證研究（古蕙瑄，2019）。對於失智症長輩的應用，正念藝術創作方案對於失智長輩具有提升長輩幸福感、心理減壓、降低憂鬱感受之顯著效果（林義學、曾怡芬、李雅惠等，2020）；正念藝術治療方案願用在社區關懷照顧據點的高齡者長輩，同等顯示能顯著降低老人的憂鬱程度，並使心理健康與心智專注程度顯著提升（林義學、張文斌、黃馨誼等，2020）；此外，對日間照顧中心的老人，帶入正念行走方案，具有提升老人幸福感、心理減壓、提升專注與安定能力、步行速度與步數具有顯著效果（侯志遠、林義學、曾怡芬等，2020）。正念園藝活動方案有助於增進身心障礙朋友的個人福祉效益，提升良好的生、心理與社會效益的正向效益，並具有良好的學習效果（林義學、賴俊旭、江美羚等，2020）。目前正念療法在臺灣長期照顧服務的介入使用情形仍屬有限，但在現有的文獻中可見，

正念療法對於長期照顧的服務對象起了一定的助益。

經過相關的研究方案結果驗證，顯然正念療法在實證
應用上，有助於改善老人與身心障礙者的心理憂鬱、壓力
等症狀，並且對於身心健康有所助益。

正念的修習包括七項特質（蘇益賢，2013），經由七
項特質的了解，可以作為學習正念過程中的提醒：

（一）不判斷（Non-judging）

單純的覺察經驗與了解經驗，對經驗開展包容，並且
不否定與排斥經驗。

（二）耐心（Patience）

保有耐心面對當下的感受並與之相處。

（三）初心（Beginners Mind）

對每一個經驗保持好奇，如同第一次接觸一般。即使
是過去熟悉的經驗，也有未知的部分，所以每次的覺察與
經驗都是新的。

（四）信任（Trust）

相信自己的感受與判斷，信任自己能包容與覺知每刻
的感受。

（五）不強求（Non-striving）

跳出以往我們熟悉與控制的方式，僅帶著自身身心的覺察，不帶有期待與強求，接受事物的本質。

（六）接納（Acceptance）

接受事物的本質而非我們期待的事務。即使不喜歡，仍可以面對它，選擇有智慧的接受方式。

（七）放下（Letting go）

放下當下的執著，以另一種順其自然自身的方式，面對當下。

正念的學習過程，可以透過靜觀、自我覺察以及上述的七項態度的自我提醒與練習，幫助自己達到心理調適以及面對日常生活中的壓力，找出自身積極面對的方式，從認知著手結合行為的改變，達到當下自我狀態的適度改變。

4 正念練習

　　以下為正念的數項練習以及自我經驗的感受覺察，每項正念練習搭配簡易的步驟說明，輕鬆學會正念的練習方式：

一、正念從葡萄乾開始

1. 觀看葡萄乾：觀看葡萄乾的形狀、顏色、任何一面。

2. 聽聽看葡萄乾：有沒有微小的聲音或是沒有聲音。

3. 觸摸葡萄乾：感受葡萄乾的觸感，試著覺察當下帶來的感覺。

4. 聞聞葡萄乾：葡萄乾有什麼味道？感受當下葡萄乾聞起來的味道。

5. 葡萄乾放入嘴裡，覺察舌尖的感受：放在舌尖的感覺、觸覺、味道、不同位置的感受。

6. 吞嚥葡萄乾後的感覺：享受葡萄乾進入喉嚨、吞食後的感覺以及覺察。

7. 最後移動注意力回到當下。

經驗與感受？

身體五感的收穫？體驗過程中，心在想什麼？

活動後洞見了什麼？

二、三段式呼吸練習

1. 感受當下：感覺當下心中的「念頭」、「感覺」與「身體感受」。

2. 專注呼吸：感覺呼吸的過程、呼吸的感受。注意力放在呼吸上，面對各種想法與念頭，只需如旁觀者一般，感受到念頭的出現，但又溫柔地讓念頭離開，專注力拉回呼吸上。

3. 擴展全身：感覺自己全身從頭到腳的感受，留心此刻身體的感受，覺察當下的感受。

4. 最後準備好的時候，就可以睜開眼睛，回到當下。

經驗與感受？

體驗過程中，心在想什麼？過程中有無其他的想法進入？

活動後洞見了什麼？

三、身體掃描練習

1. 讓身心保持專注、開放並且接納自己身體的感受。

2. 專注力專注於呼吸上，感受呼吸進出身體的感覺，專注於當下。

3. 身體掃描，感受身體的各部位感受，對身體感受保持開放不評價。

4. 注意力放置於左腳的腳跟、腳掌的感受，再逐漸將專注力移動到小腿、膝蓋與大腿，逐步感覺每個位置的各種感受，即使沒有感覺，也是一種感受，對各種感受保持接納不評價的態度。

5. 接下來將注意力換到右腳，進行同樣專注、開放的覺察與接納自己身體的練習。

6. 雙腿體驗完畢後，開始逐步體驗臀部、腹部、胸部、然後至下背部與上背部，體驗整體軀幹的感受。

7. 接續感受左手手掌、下手臂、手肘、上手臂再到左肩膀；然後再更換感受右手掌、下手臂、手肘、上手臂再到右肩膀，感受雙手的感覺，一樣保持開放，接納身體的感受。

8. 接下來是感受頸部、臉部與頭部，感受臉部五官的感覺，感受頭部額頭、頭頂、後腦以及頭皮的感受。

9.　然後覺察全身的感受，從原本身體的每個小部分，再
　　到身體整體的感受。

10.　最後可以逐步地讓身體活動，然後睜開眼睛，感受身
　　體的覺察，並將這樣對身體的感受、覺察與接納的方
　　式，帶回來當下的日常生活中。

經驗與感受？

體驗過程中，心在想什麼？身體感受如何？心與身體連結過程的感覺？

活動後洞見了什麼？

四、正念行走練習

正念行走是一項正念的覺知練習，本書後續章節將說明正念行走結合老人休閒以及肌耐力練習方案的概念運作，以驗證對參與者的生理與心理改變情形。在此為一般人的正念行走練習步驟：

1. 尋找一個可以來回走動的空間。

2. 膝蓋放鬆、雙手下垂、視線柔和平視。

3. 全身放鬆，將注意力放置於雙腿上。

3. 覺察雙腳腳底、雙腳與地板接觸、覺察膝蓋的感受。

4. 當開始行走時，嘗試感受身體的重量；當右腳懸空時，感受身體重量在左腳的感覺；當左腳懸空時，感受身體重量在右腳的感覺。

5. 過程中，空間可以旋轉，感受身體旋轉時，雙腳、雙腿以及全身的感覺。

6. 覺察走路的感受，如果專注力不在了，就將專注力再拉回身體與地板之間。

7. 感受行走過程中，自身身體與心理的感覺，持續練習15-20 分鐘。

經驗與感受？

體驗過程中，雙腳以及身體的感受？

活動後洞見了什麼？

五、給與身體關照

1. 感受身體強烈有感覺的位置，想像吸氣時這個部位的感受，呼氣時，從這個部分呼出空氣，感覺這個部位的感受，而不改變姿勢。

2. 利用一點時間，試著感受身體強烈的感覺，然後歡迎與接受它。

3. 感受空氣在這個強烈的位置進出，覺察當下的感覺，以及身體的感覺是否有所變化。

4. 當身體未覺得有所不愉快，試著接納它，並且與自己進行內在對話，告訴自己，「這個感覺就在這裡，我選擇接受它」，柔軟而開放的面對。

5. 不管喜不喜歡這個感覺，感覺已經存在，我們試著對它「開放」，並且讓它與身體一同存在。

經驗與感受？

體驗過程中，心在想什麼？過程中有無其他的想法進入？

活動後洞見了什麼？

5 本次正念多元介入方案常用量表介紹

一、評估量表的使用

——透過量表能具體客觀的顯示改變情形

在操作相關正念活動過程，其實很多人會想如何對自己或對他人表達？對他人心理的狀態助益如何？正念真的有幫助嗎？幫助到什麼樣的程度？面對這樣的問題，感受有時很難說得清楚，所以我們需要相關的心理測驗工具，幫助我們認識服務對象的心理改變情形，進行客觀的了解。過程中，數字是一種客觀且具體的展現，並不會太困難，至少也能透過前測與後測的情形比較，幫助我們具體的認識服務對象心理的改變情形，甚至能進行團體的差異性分析，了解團體的成員間被幫助的具體分數。

在此說明數種較易被使用的操作表格，讓讀者操作時，即能夠透過表格與數據，了解正念的運作對服務對象的具體效益。

（一）老人憂鬱量表

透過使用老人憂鬱量表，主要在幫我們認識老人是否有憂鬱情形？憂鬱的分數是幾分？是否要立即轉介就醫？此外，使用老人憂鬱量表，能夠幫助我們經過後測後，衡量老人的憂鬱分數的改變情形，以此來評估正念活動方案

對老人的幫助。

在老人憂鬱量表的使用中，分數愈低，代表老人心理愈健康，憂鬱情形也愈低。透過這份量表，我們可以得知正念活動方案介入後，對於老人的憂鬱改善情形。

（二）簡式健康量表

簡式健康量表其使用目的，在於了解長輩的心理健康程度，同時辨認有無自殺的傾向與其分數，對於部分長輩的心理健康與自殺防治，具有檢驗與預防自殺的效果。簡式健康量表的使用，無疑可以幫助我們認識長輩的心理狀態，對於心理特殊情形的長輩，可以協助轉介醫療資源。

簡式健康量表分數愈低，代表受測對象心理狀態愈好。應用於正念活動中，希望可以驗證對服務對象的壓力、自殺意念以及心理健康程度的改變情形。

（三）園藝治療福祉效益評估表

園藝治療福祉效益評估表具有心理、生理與人際層面，是一項多面向的評估量表。透過園藝治療福祉效益評估表的前後測，可以幫助我們認識正念園藝活動方案的運作前後，對於服務對象具體的改變情形與面向。

園藝治療福祉效益評估表分數愈高，代表園藝所帶來的助益愈大。園藝活動結合正念，即是希望透過正念與園

藝活動的結合，讓服務對象從活動中，帶來對自己良好的改變。園藝治療福祉效益評估表分數的高低，得以驗證正念園藝活動對於服務對象的真實改變情形。

二、實用量表的介紹

——透過簡易評估我們可以更客觀的認識長輩

以下介紹三種量表的信效度，即這些量表具有一定的準確性和正確度，可以讓我們以相對客觀的角度，認識服務對象的真實狀態，也可以幫助我們衡量正念活動的操作成果與效益。

（一）老年憂鬱量表

「台灣老人憂鬱量表（Taiwan Geriatric Depression Scale）」計 15 題，研究顯示廖以誠、葉宗烈、楊延光、盧豐華、張智仁、柯慧貞、駱重鳴，（2004），整體量表 Cronbach's 值為 0.94，再測信度為 0.82，折半信度為 0.95，是一份有信效度的本土化老年憂鬱症篩選量表。

（二）簡式健康量表

本研究採簡式健康量表（Brief Symptom Rating Scale，簡稱 BSRS-5），乃由臺灣大學李明濱教授等人發展，其應用目的為迅速提供個人心理服務，得以測量了解個人心理照護需求之量表。其信效度為良好內在一致性

（Cronbach's α = 0.77-0.90），且再測信度為 0.82（李明濱，2009）。顏如佑等人在 2005 年研究中，以受過訓練之專業訪員，以電話調查進行資料蒐集抽取臺灣 1,552 名方案成員，於大規模社區進行篩檢，獲得結果顯示具中度之一致性，可以有效用於篩檢身心之症狀。

（三）園藝治療福祉效益評估表

本研究使用園藝治療福祉效益評估表（郭毓仁，2011）作為研究工具，核心概念包含五大部，分別為：身體健康、保持正向情緒、意識清楚、有真正的好朋友在身邊及經濟無慮等。該表信度在前測結果，在 2010 年經國內各級學校的心理諮商輔導老師運用後的統計結果為 Cronbach α =0.724，此外經臺北市立聯合醫院松德院區醫療團隊運用後的統計結果為 Cronbach α =0.728，在 2012 年針對 40 名園藝治療師進行量表信度測試為 Cronbach α = 0.833，皆顯示獲得信度良好（邱綺漪，2018）。顯示園藝治療福祉效益評估表具有良好的信效度，以評估園藝治療之使用效益。

6 正念藝術活動與方案操作

一、概念與功能

　　有關藝術治療的定義，王玲、孫敬哲（2016）認為藝術治療主要是諮商、輔導、藝術與治療的一種心理治療或輔導方法。溫芯寧、吳宏蘭、康思云（2016）則提出藝術治療的範圍，包括：(一)藝術創作，經由藝術媒材進行視覺心像的創造性藝術表達；(二)透過藝術作品進行自我情緒探索與情緒調和，減少憂鬱等負向情緒，發展社交技巧，讓自我成長與自尊能提高，達到身心健康之目的。

　　有關藝術治療的操作，藝術治療師主要是協助服務對象透過藝術產出以覺察內在自我，並且協助調和自我內在與外在的想法，進而將過程發現的概念延續到平時生活中，以產生治療的效果（呂俊宏、劉靜女譯，2002）。藝術治療的過程，可以經由個人或團體的操作，以達到介入的效果。其中藉由團體的操作，主要能提供團體中的成員有自我揭露和與他人互動的經驗，過程中，團體成員可以互相學習與分享，以幫助個別成員獲得新的概念，從中嘗試自我可以改變的行為（侯禎塘、陳慧真，2007）。透過藝術治療在團體的使用，團體成員可以從他人互動經驗與自我接露獲得新概念，並獲得改善自我的契機。

　　王秀絨（2011）認為藝術治療協助服務對象的重要概

念，包括：1. 讓服務對象有機會運作象徵表現以探索心靈；
2. 和服務對象一起面對與詮釋，意味著開始面對問題解決，
亦是自我成長的需求；3. 為表徵重新帶來新的解決與看法，
為生命看見新的可能；4. 接納生命中負向事實。有關藝術
治療介入過程，以引發服務對象的改變，歷程促發的因素
有（陳囿蓉，2011）：1. 藝術創作媒材的運用；2. 心理師
不對作品做任何詮釋或評價；3. 治療關係的轉變；4. 以創
傷治療處遇。其中，藝術治療可以提供服務對象之轉化情
緒功能有：1. 自由創作可以緩和繪畫焦慮；2. 服務對象的
經驗可以被充足聆聽，以獲得同理與支持，從中轉換情緒
並獲得自我充權；3. 過程中專業人員提供同理、尊重、關
懷與接納，使服務對象能探索自我與整理生命經驗。

　　有關藝術治療在老人領域的研究，姚卿騰、陳宇嘉
（2018）聚焦在社區老人藝術治療懷舊團體，顯示參與的
老人在「計畫未來」、「肯定自我」、「積極態度」方面
有自我統整的效果；「活在當下的生命態度」、「生命有
新領悟」「改變負向思維」和「轉移關注焦點」在社區老
人生命意義的轉化知覺方面有所改變。將實施場域從社區
移至機構，溫芯寧、吳宏蘭、康思云（2016）對長照機構
老人提供藝術創作活動的介入，顯示可以降低機構的老人
孤獨與憂鬱的情緒，提升老人成就感、自信心與個人技能。
藝術治療也可以實施在失智的長輩領域，黃傳永、郭淑惠
（2018）研究探討藝術治療團體運用於失智長者的效果，
發現對失智長者的成效，在於促進長輩的活動量以增進手
眼協調能力、增進長輩使用多重的感官以及增進長輩的感

官知覺，並幫助長輩投入創作、進入心流，以忘記病痛與
不適的感受，提升長輩自我價值感與創作能力，並增進長
輩的成就感與創造力。顯然透過藝術治療之方式，可以幫
助長輩獲得心靈上的舒緩。

透過正念療法的服務，我們希望能夠幫助長輩與身心
障礙朋友們，在活動過程中，在心理上獲得自我探索、紓
壓、自我肯定的效果，甚至面對疾病時，可以透過正念活
動，進而忘記身體的不適感，進而提升長輩與身心障礙朋
友們的生活品質與福祉，創造快樂的生活。

二、正念藝術治療操作概念

本課程藉由一系列主題式的藝術創作課程，結合正念
療法與其他放鬆技巧，以藝術為媒介，進而引導服務對象
識別壓力與達到情緒自我覺察、情緒宣洩等正向效益，以
藝術創作促進心理內在的統整以及自我照顧的達成。

三、正念藝術操作概念

1. 第一個層次學習內觀，讓自己專注於呼吸，並練習呼
    吸的過程結合藝術的創作。

2. 第二個層次是情緒覺察與處理的練習，練習感受自我
    的情緒狀態，以及將這樣的經驗帶入藝術創作過程。

3. 第三個層次透過正念覺察結合藝術活動，練習覺察自
    己的意識與行為。

4. 第四個層次經由正念覺察與藝術，達到自我生活的調適。

四、團體目標與活動設計

團體目標：

(1) 藉由團體活動導入正念療法結合相關活動，使參與者可以在活動中練習自我覺察，以及對自我保持開放與接納，進而選擇適切的生活方式，提升生活品質。

(2) 結合多元媒材，體驗自我創作，進而使身心獲得放鬆，並從中提升自我覺察之能力。

(3) 透過多元藝術之成品分享，從中獲得自我情感表達，進而重獲自信。

五、活動流程與設計

團體進行依照服務單位安排之課表，每次 1.5-2 小時，總共進行 12 次。活動過程為：1. 暖場問候；2. 正念呼吸練習與自我覺察；3. 活動創作與練習；4. 成品之內涵表達與分享。正念多元團體活動之設計，主要以體驗不同媒材為分類，重點在於幫助參與者自我覺察、接納、創作與內在感受的陳述，進而建立自信，使參與者於活動後，能將團體活動中習得之方式，帶入日常生活，增進日常生活的品質。

六、正念藝術課程單元與操作

資料來源：作者製作。

01 隨手塗鴉

媒材簡略說明

1. 拿起眼前的筆。
2. 閉著眼睛隨意塗鴉。
3. 睜開眼睛，觀察圖畫輪廓。
4. 明確畫出輪廓與圖形。
5. 進行描繪，並寫上名字或圖案。
6. 進行欣賞與分享。

基本材料

鉛筆、粉蠟筆、色筆、A4 紙。

02 四格畫

媒材簡略說明	基本材料
1. 選擇一張紙。 2. 任意分割出四個格子。 3. 隨筆畫出四種情緒。 4. 可以刻意的表現，但也可以自由隨筆的呈現。 5. 進行欣賞與分享。	色鉛筆、粉蠟筆、色筆、水彩、A4 紙。

03 陶土體驗

媒材簡略說明	基本材料
1. 感受陶土在手裡的感覺。 2. 不刻意希望呈現特定的樣貌。 3. 感受隨意塑造過程中，摔、揉、搓的動作感覺。 4. 順著感覺自由創作。 5. 進行欣賞與分享。	陶土。

04 彩色臉譜

媒材簡略說明	基本材料

媒材簡略說明

1. 選擇一空白臉譜。
2. 選擇喜歡的筆具。
3. 可以根據自己的心情或想法著色。
4. 順著感覺自由創作。
5. 進行欣賞與分享。

基本材料

色鉛筆、粉蠟筆、色筆、水彩、白色臉譜。

05 星空瓶

媒材簡略說明

1. 拿取空瓶予適當棉花。
2. 調和棉花、顏料與水。
3. 將調和好的棉花逐一放入瓶中。
4. 可以適度增加亮片與亮粉。
5. 進行欣賞與分享。

基本材料

棉花、塑膠瓶、水彩、廣告顏料、亮粉、調色棒。

06 手指印畫紓壓

媒材簡略說明	基本材料
1. 將手指或手掌在顏料或印泥上按壓染色。 2. 再將手指或手掌隨意按壓在圖畫紙上。 3. 以筆在手指印勾勒圖形。 4. 進行圖案繪畫。 5. 進行欣賞與分享。	印泥、水彩、廣告顏料、色鉛筆、A4 紙。

07 撕貼畫

媒材簡略說明

1. 勾勒底稿。
2. 選擇色紙。
3. 進行色紙撕裂。
4. 以膠水或白膠貼上撕裂
   的色紙。
5. 進行欣賞與分享。

基本材料

鉛筆、各色色紙、A4 紙、
膠水、白膠。

08 手藝相框

媒材簡略說明

1. 一人發八支冰棒棍。
2. 冰棒棍塗色顏料。
3. 依照照片大小，置於八根冰棒棍中間。
4. 照片上下左右四邊各以二支冰棒棍黏貼。
5. 在冰棒棍貼上喜歡的亮粉跟亮片。
6. 選擇適當的牆面掛上手藝相框。
7. 進行欣賞與分享。

基本材料

水彩、廣告顏料、冰棒棍、照片、亮粉、亮片。

09 療癒和諧粉彩

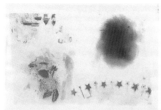

媒材簡略說明	基本材料
1. 規劃主題。 2. 紙膠帶黏貼紙四邊。 3. 以美工刀進行粉彩條刮粉。 4. 手指暈染。 5. 選擇適合的模板。 6. 模板空白處著色。 7. 噴定粉膠。 8. 進行欣賞與分享。	雄獅硬式粉彩條 12 色、A4 紙、定粉膠、膠帶、切割墊、美工刀、軟硬橡皮擦、鉛筆、圓規、圖案模板、尺。

10 棉花棒樹

媒材簡略說明

1. 劃出樹幹圖形。
2. 棉花棒沾取顏料。
3. 顏料點綴在樹幹上。
4. 進行欣賞與分享。

基本材料

棉花棒、A4 紙、水彩、
廣告顏料。

11 點點曼陀羅

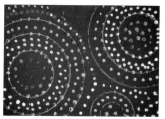
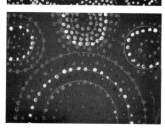

媒材簡略說明

1. A4 紙上可以事先為服務對象創造出不同的圓形圖案。
2. 選擇喜歡的顏料與顏色。
3. 使用棉花棒或免洗筷沾取顏料。
4. 在紙上進行圓圈點色
5. 進行欣賞與分享。

基本材料

棉花棒、A4 紙、水彩、廣告顏料。

12 心靈拼貼

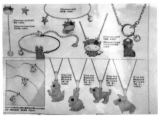

媒材簡略說明

1. 舊書報平攤桌上。
2. 選擇有感受的舊書報。
3. 進行文字或圖畫剪取。
4. 黏貼於空白紙上
   （10×15 公分）。

基本材料

舊書報、西卡紙、剪刀、膠水。

七、正念藝術活動計畫書與效益分析範例

1. 目的：

    (1) 藉由正念藝術活動，使服務對象於正念藝術活動中，增進自我情緒覺察以及壓力的調適。

    (2) 透過藝術創作活動，增進服務對象自我觀照能力，並且經由自我生命探索、與人分享的過程，增進自我與他人的連結。

2. 活動日期：20○○年○月○日

3. 活動時間：下午 14：30-16：30

4. 活動場地：交誼廳

5. 活動主題：彩色臉譜

6. 領導者：○○○

7. 協助者：○○○

8. 參加人數：服務對象 10 人、服務人員 2 人

9. 參與對象：有意願參與之長者

10. 準備器材：

項目	物品	數量	備註
1	色鉛筆	2 盒	長輩可以交替使用不同的彩繪媒材。
2	粉蠟筆	2 盒	
3	彩色筆	2 盒	
4	水彩	2 組	
5	水彩筆	10 支	
6	白色臉譜	10 個	
7	A4 紙	10 張	A4 紙易於成果保存。

資料來源：作者製作。

11. 進行流程：

時間	內容	備註
14：30-14：35	集合。	協助帶領長者至活動地點。
14：35-14：40	三分鐘呼吸空間實作。	
14：40-14：45	活動目的解說與簡易示範。	
14：45-15：30	臉譜彩繪。	繪畫時引導長輩對於活動物品、顏色選擇、繪畫過程以及成果有所覺察。如果長輩的專注力不在了，可以鼓勵長輩將專注力移回藝術創作上。
15：40-16：10	作品分享時間。	活動帶領者引導長輩分享。
16：10-16：30	活動紀錄撰寫。	

資料來源：作者製作。

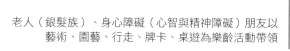

12. 預期效益：

　(1)　經由辦理正念藝術活動，增進長輩自我覺察能力，
　　　　以達調整自我情緒壓力的舒緩。

　(2)　藉由正念藝術創作過程，獲得自我探索能力的成
　　　　長，並由作品與人互動，增進人群參與能力。

13. 活動經費概算：

	項目	單位	單價	數量	金額	說明
1	色鉛筆	盒	70	2	140	活動用品使用完畢才補充新品，不是每場皆使用新品，所以活動費用可再降低。
2	粉蠟筆	盒	50	2	100	
3	彩色筆	盒	50	2	100	
4	水彩	盒	35	2	70	
5	水彩筆	支	25	10	250	
6	白色臉譜	個	85	10	85	
7	A4 紙	張	1	10	10	
總和			755 元			

資料來源：作者製作。

14. 團體回饋紀錄單：

(1) 正念藝術團體回饋紀錄單：

團體名稱：正念藝術團體　　第＿＿次
日期：＿＿年＿＿月＿＿日　　　　　　　記錄人：＿＿＿＿＿＿

單元主題：＿＿＿＿＿＿＿＿	
時間：＿＿時＿＿分 - ＿＿時＿＿分	
地點：交誼廳	
領導者	○○○
協同領導者	○○○（無可直接寫無）
協助成員	○○○、○○○（無可直接寫無）
出席成員	○○○、○○○、○○○、○○○、○○○、○○○、○○○、○○○
未出席成員	
團體表現	個別參與度：□非常好 □很好 □好 □不佳 □非常不佳
	團體氣氛：□非常好 □很好 □好 □不佳 □非常不佳
	團體回饋：□非常好 □很好 □好 □不佳 □非常不佳
	團體動力：□非常好 □很好 □好 □不佳 □非常不佳
團體成員個別重要事件紀錄	A 參與者：
	B 參與者：
	C 參與者：
	D 參與者：
	E 參與者：
	F 參與者：
	G 參與者：
	H 參與者：
活動帶領人回饋與檢討改善之處	
主管回饋	

帶領人：＿＿＿＿＿＿　　督導：＿＿＿＿＿＿　　主管：＿＿＿＿＿＿

資料來源：作者製作。

(2) 正念藝術團體活動照片：

活動說明：

(3) 正念藝術團體整體活動滿意度表：

填答人：＿＿＿＿＿＿＿　　　日期：＿＿年＿＿月＿＿日

編號	題目	非常滿意	很滿意	不滿意	非常不滿意
1	團體場地讓感到滿意				
2	團體內容讓我獲益良多				
3	團體中活動設備讓我能參與				
4	團體中我感受到安全				
5	團體中我可以充分表達				
6	團體中我可以自由發言				
7	團體中有因為我的狀況讓我可以表現				
8	團體中領導者表現讓我感到樂於參與				
9	團體中整體而言我樂於參與				
10	整體團體的參與讓我感到滿意				

建議：

1. 日後課程主題建議：＿＿＿＿＿＿＿＿＿＿＿＿＿＿＿＿＿＿＿＿＿

＿＿＿＿＿＿＿＿＿＿＿＿＿＿＿＿＿＿＿＿＿＿＿＿＿＿＿＿＿＿＿＿

2. 本次活動受益之處：＿＿＿＿＿＿＿＿＿＿＿＿＿＿＿＿＿＿＿＿＿

＿＿＿＿＿＿＿＿＿＿＿＿＿＿＿＿＿＿＿＿＿＿＿＿＿＿＿＿＿＿＿＿

3. 活動其他建議：＿＿＿＿＿＿＿＿＿＿＿＿＿＿＿＿＿＿＿＿＿＿＿＿

＿＿＿＿＿＿＿＿＿＿＿＿＿＿＿＿＿＿＿＿＿＿＿＿＿＿＿＿＿＿＿＿

資料來源：作者製作。

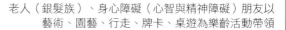

15. 正念藝術活動效益分析：

項目	測驗時機	平均數	*p*-value
高齡者憂鬱量表	前測	2.000	0.015
	後測	0.888	
簡式心理健康量表	前測	4.111	0.011
	後測	1.222	
心智專注量表	前測	54.444	0.007
	後測	56.000	

註：*p < 0.05, **p < 0.01, ***p < 0.001
資料來源：林義學、張文斌、黃馨誼、劉昀柔、楊琇雲、林芳如、張碧晏、
　　　　　陳佳妤（2020）。

　　此部分針對高齡者參與正念藝術治療團體活動方案前
測與後測之比較進行分析。根據上表結果顯示，參與者參
與正念藝術治療團體活動方案，經高齡者憂鬱量表結果發
現，活動參與後憂鬱分數下降，並達顯著性（p = 0.015, p
< 0.05），顯示對服務對象具有良好的憂鬱改善情形；在
簡式心理健康量表結果發現，活動參與後情緒困擾分數下
降，亦達顯著差異性（p = 0.011, p < 0.05），顯示對服
務對象具有良好的情緒困擾改善情形；經心智專注量表結
果發現，活動參與後專注分數上升，亦達顯著差異（p =
0.007, p < 0.05），顯示對服務對象具有良好的專注力提
升情形。整體研究結果顯示，正念藝術活動對於參與者有
良好的心理與心智專注的介入效果。

7 正念園藝活動與方案操作

一、概念與功能

　　園藝治療乃是為了幫助服務對象之生心理障礙獲得改善，經由植物與園藝活動，幫助服務對象能夠得到治療與復育（郭毓仁，2002）。園藝治療的功能即透過符合成本效益的方式，設計各種不同的主動與被動園藝活動單元，以達改善老人的身心社會功能；植物種植與景觀設計協助服務對象獲得新的生命感受經驗，具有憂鬱狀況減輕以及增進社會人際互動，獲得改善與支持的功用（丁于倩、趙淑員、藍育慧，2011）。透過園藝治療活動，服務人員結合活動目的以及人與植物共同互動的過程，使服務對象的個人目標可以被滿足，並且讓其生理與心理的狀態可以被恢復（鄭智勇，2008）。園藝治療之運作，結合園藝的操作，可以使視覺、觸覺、嗅覺、肢體、空間與人際共同結合操作，以及涵蓋更可貴的元素——生命，這是其他媒材所無法企及，所以園藝療法的操作，可以非常的多元，並且因為具有生命的元素，使得個體在參與園藝療法過程中，可以形成生命與生命之間的交互影響，形成「生命影響生命」的交互作用。

　　園藝治療的效果，在諸多研究均實證可以減輕壓力、提升創造力與人格、降低孤寂感、改善生理與心理、顯著提升幸福感、增加個人賦能能力，以及對認知能力、生理

能力、情感、情緒控制以及社會互動等具有正向的效益存在（郭毓仁，2002；陳玉敏、紀政儀，2015；郭彩雲等人，2020）。透過園藝治療，幫助個體於園藝活動中，增進生理、心理與人際社會層面的成長，得以減輕個人遭遇的問題，並增進個人正向的行為與心理效益。

二、正念園藝治療操作核心

正念園藝課程結合正念療法，以植物、園藝為媒材，引導服務對象從園藝創作中，感受植物所帶來的顏色、味道、觸覺、植物擺動的聲音，從中感受各種經驗，進而達到心理內在調適與壓力的紓解。

三、正念園藝操作概念

1. 第一個層次學習內觀，讓自己專注於呼吸，並練習呼吸的過程結合園藝的創作。

2. 第二個層次是情緒覺察與處理的練習，練習感受自我的情緒狀態，以及將這樣的經驗帶入園藝創作過程。

3. 第三個層次透過正念覺察結合園藝活動，練習覺察自己的意識與行為。

4. 第四個層次經由正念覺察與園藝，達到內在生活的調適。

四、正念園藝課程單元與操作

資料來源：作者製作。

01 水晶寶寶小盆栽

媒材簡略說明	基本材料
1. 拆開水晶寶寶，放入塑膠杯加水，讓其膨脹。 2. 分拆袖珍椰子，撥開土壤，洗淨根部，呈裸根狀態。 3. 一人一塑膠杯，選擇喜歡的水晶寶寶進行配色。 4. 每人三小株袖珍椰子，插入預備好的水晶寶寶盆栽即可。 5. 袖珍椰子可使用黃金葛等水生植物代替。	魔晶土、袖珍椰子、透明塑膠杯。

02 草頭娃娃

▶ 鍾宜舫攝影

媒材簡略說明	基本材料
1. 先將一匙禾本科種子（達冠草）放入襪子底部。 2. 填入培養土至襪子八分滿，並將襪口打結。 3. 使用橡皮筋將眼睛、鼻子捏出形狀綁起來。 4. 將塑膠眼睛使用白膠黏至娃娃眼睛位置。 5. 等膠水乾了，將草頭娃娃底部放置杯子裡泡水。	培養土、襪子、橡皮筋、亮片、塑膠眼睛、白膠、毛根。

03 迷你花園

媒材簡略說明

1. 陶盆底部放入石頭、報紙，防止土壤流失。
2. 放入培養土。
3. 將植物移入陶盆並覆土。
4. 依個人喜好，花盆土壤上可以放彩色石碎石。
5. 插入花插擺飾。

基本材料

陶盆、培養土、黛粉葉、文字或動物花插、彩色石頭。

04 水草盆栽

媒材簡略說明

1. 選好瓶器。
2. 倒入底沙。
3. 依照瓶器剪取適當長度。
4. 植入水草。

基本材料

金魚藻、迷你寶塔、黑色玻璃砂、玫瑰石、白色細沙、玻璃瓶。

05 園藝書籤

媒材簡略說明

1. 裁切西卡紙。
2. 剪取適當押花。
3. 依照喜好編排押花。
4. 使用白膠黏好押花。
5. 成品放入護貝紙。
6. 將半成品送入護貝機即
   完成。

基本材料

美工刀、西卡紙、剪刀、
白膠、押花材料、護貝紙、
護貝機。

06 禪宗庭園——枯山水

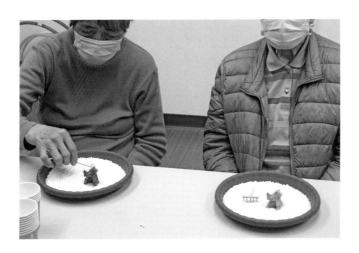

媒材簡略說明	基本材料
1. 石英沙放入底盤。 2. 將冰棒板左右鑽洞，等距 2-3 個洞。 3. 竹籤插入另一側形成耙子。 4. 擺上枯石。 5. 可以於底盤上設計圖案放鬆身心。	塑膠盆、石英沙 300cc、瑪瑙石、天然景觀石、冰棒板、竹籤、電磨筆、粗剪刀、小枯石。

07 苔蘚盆景

媒材簡略說明	基本材料
1. 水盤上鑽一孔洞。 2. 覆蓋培養土。 3. 文竹鬆盆，去掉根部部分土壤。 4. 植物連根植入土中。 5. 再覆蓋土壤。 6. 苔癬植物鋪於表層。	文竹、苔癬、水盤、電磨筆、培養土。

08 水苔球

▲ 鍾宜舫攝影

媒材簡略說明	基本材料
1. 水苔泡水後平鋪在塑膠袋上。 2. 植物脫盆，帶適量土壤。 3. 水苔中央鋪上輕石。 4. 植物覆蓋於輕石上。 5. 將雙手至於塑膠袋下。 6. 雙手將苔球包覆後擠出多餘的水分。 7. 棉線纏繞水苔。 8. 棉線頭塞入孔中。	竹柏、孔雀椒草、水苔、塑膠袋 10×15 公分、小碎石、棉線、剪刀、接水盆、文雅盤。

09 組合苔玉

▲ 劉瑞娟攝影

媒材簡略說明	基本材料
1. 水苔泡水後平鋪在塑膠袋上。 2. 選擇 2-3 種植物脫盆，帶適量土壤。 3. 水苔中央鋪上輕石。 4. 植物覆蓋於輕石上。 5. 將雙手至於塑膠袋下。 6. 雙手將苔球包覆後擠出多餘的水分。 7. 水苔外圍包覆一層苔癬。 8. 棉線纏繞整體。 9. 棉線頭塞入孔中。	竹柏孔雀椒草等、水苔、塑膠袋 10×15 公分、小碎石、蘚苔、棉線、剪刀、接水盆、文雅盤。

10 花園彩繪

媒材簡略說明

1. 鉛筆打稿於陶盆。
2. 壓克力彩繪陶盆。
3. 底部放入發泡煉石。
4. 底部放入土壤。
5. 植物置入陶盆。
6. 覆土。

基本材料

陶盆、土壤、粗肋草、紅網紋、綠網紋、文竹、文字或動物花插。

11 時節紙花

媒材簡略說明

1. 依照時節選取題材紙花。
2. 選擇色紙，對折。
3. 對折處由內向外剪至八分長，但不要剪到底。
4. 攤開後對折黏起。
5. A4 紙捲起作植物莖。
6. 紙花黏起處與植物莖捲起包覆。
7. 黏好後插入於瓶器觀賞。

基本材料

色紙、剪刀、膠水、瓶器。

12 園藝微造景

▲ 劉瑞娟攝影

▲ 鍾宜舫攝影

媒材簡略說明

1. 鋪設輕石。
2. 平鋪發泡練石。
3. 置上園藝用竹炭淺薄一層。
4. 置上觀賞石木。
5. 覆上培養土。
6. 種植植物。
7. 補上培養土。
8. 鋪設蘚苔。
9. 置入花插。
10. 噴水。
11. 內外盆景清潔。

基本材料

景觀瓶、蘚苔、羅漢松，袖珍椰子、紅網紋、綠網紋、文竹、輕石、水苔、赤玉土、發泡煉石、觀賞石木。

五、正念園藝活動計畫書與效益分析範例

1. 目的：

   (1) 藉由正念園藝活動，幫助服務對象於正念園藝活動中，增進自我情緒覺察以及壓力的調適。

   (2) 透過正念園藝活動，增進服務對象身、心、靈功能，以及個人與環境之間的互動，改善服務對象面臨之生、心理障礙。

2. 活動日期：20 ○○年○月○日

3. 活動時間：下午 14：30-15：30

4. 活動場地：交誼廳

5. 活動主題：魔晶小盆栽

6. 領導者：○○○

7. 協助者：○○○

8. 參加人數：服務對象 10 人、服務人員 2 人

9. 參與對象：有意願參與之長者

10. 準備器材：

項目	物品	數量	備註
1	水晶寶寶	10 包	長輩可以交替使用不同的彩繪媒材。
2	袖珍椰子	3 吋 1 盆	
3	透明塑膠杯	1 條	

資料來源：作者製作。

11. 進行流程：

時間	內容	備註
14：30-14：35	集合。	協助帶領長者至活動地點。
14：35-14：40	三分鐘呼吸空間實作。	
14：40-14：45	活動目的解說與簡易示範。	
14：45-15：30	水晶寶寶小盆栽。	園藝過程引導服務對象對於植物接觸、水與土壤接觸、水晶寶寶接觸的體驗有所覺察。如果長輩的專注力不在了，可以鼓勵長輩將專注力移回園藝活動上。
15：40-16：10	作品分享時間。	活動帶領者引導長輩分享。
16：10-16：30	活動紀錄撰寫。	

資料來源：作者製作。

12. 預期效益：

(1) 經由辦理正念園藝活動，增進長輩自我覺察能力，
以達調整自我情緒壓力的舒緩。

(2) 藉由園藝活動過程，增進服務對象與園藝作品之間
的感受性，從中體察生命的特殊性，進而引導服務
對象看待自我生命以及靈性的成長。

13. 活動經費概算：

	項目	單位	單價	數量	金額	說明
1	水晶寶寶	包	10	10	100	1. 袖珍椰子一盆可以分株。
2	袖珍椰子	盆	30	1	30	2. 袖珍椰子原本是土耕植物，可以改為水培植物。
3	透明塑膠杯	條	1	25	25	
總和			155 元			

資料來源：作者製作。

14. 團體回饋紀錄單：

(1) 正念園藝團體回饋紀錄單：

團體名稱：正念園藝團體　　第＿＿＿次

日期：＿＿＿年＿＿＿月＿＿＿日　　　　　　　記錄人：＿＿＿＿＿＿

單元主題：＿＿＿＿＿＿＿＿ 時間：＿＿＿時＿＿＿分 - ＿＿＿時＿＿＿分 地點：交誼廳	
領導者	○○○
協同領導者	○○○（無可直接寫無）
協助成員	○○○、○○○（無可直接寫無）
出席成員	○○○、○○○、○○○、○○○、○○○、○○○、 ○○○、○○○
未出席成員	
團體表現	個別參與度：□非常好 □很好 □好 □不佳 □非常不佳
	團體氣氛：□非常好 □很好 □好 □不佳 □非常不佳
	團體回饋：□非常好 □很好 □好 □不佳 □非常不佳
	團體動力：□非常好 □很好 □好 □不佳 □非常不佳
團體成員個別重要事件紀錄	A 參與者： B 參與者： C 參與者： D 參與者： E 參與者： F 參與者： G 參與者： H 參與者：
活動帶領人回饋與檢討改善之處	
主管回饋	

帶領人：＿＿＿＿＿＿＿＿　　督導：＿＿＿＿＿＿＿＿　　主管：＿＿＿＿＿＿＿＿

資料來源：作者製作。

(2) 正念園藝團體活動照片：

活動說明：

(3) 正念園藝團體整體活動滿意度表：

填答人：＿＿＿＿＿＿＿＿＿　　日期：＿＿＿年＿＿＿月＿＿＿日

編號	題目	非常滿意	很滿意	不滿意	非常不滿意
1	團體場地讓感到滿意				
2	團體內容讓我獲益良多				
3	團體中活動設備讓我能參與				
4	團體中我感受到安全				
5	團體中我可以充分表達				
6	團體中我可以自由發言				
7	團體中有因為我的狀況讓我可以表現				
8	團體中領導者表現讓我感到樂於參與				
9	團體中整體而言我樂於參與				
10	整體團體的參與讓我感到滿意				

建議：

1. 日後課程主題建議：＿＿＿＿＿＿＿＿＿＿＿＿＿＿＿＿＿＿

＿＿＿＿＿＿＿＿＿＿＿＿＿＿＿＿＿＿＿＿＿＿＿＿＿＿＿＿＿

＿＿＿＿＿＿＿＿＿＿＿＿＿＿＿＿＿＿＿＿＿＿＿＿＿＿＿＿＿

2. 本次活動受益之處：＿＿＿＿＿＿＿＿＿＿＿＿＿＿＿＿＿＿＿

＿＿＿＿＿＿＿＿＿＿＿＿＿＿＿＿＿＿＿＿＿＿＿＿＿＿＿＿＿

＿＿＿＿＿＿＿＿＿＿＿＿＿＿＿＿＿＿＿＿＿＿＿＿＿＿＿＿＿

3. 活動其他建議：＿＿＿＿＿＿＿＿＿＿＿＿＿＿＿＿＿＿＿＿＿

＿＿＿＿＿＿＿＿＿＿＿＿＿＿＿＿＿＿＿＿＿＿＿＿＿＿＿＿＿

＿＿＿＿＿＿＿＿＿＿＿＿＿＿＿＿＿＿＿＿＿＿＿＿＿＿＿＿＿

資料來源：作者製作。

15. 正念園藝活動效益分析：

項目	測驗時機	平均數	*p*-value
整體福祉效益量表	前測	2.31	0.002*
	後測	2.83	
園藝治療福祉效益量表	前測	2.83	0.002*
	後測	3.40	
學習狀況量表	前測	3.86	0.004*
	後測	4.83	

註：*$p < 0.05$, **$p < 0.01$, ***$p < 0.001$

資料來源：林義學、賴俊旭、江美羚、于大鈞、黃于庭、鄭世昌、游佳軒、
林羽澄（2020）。

　　此部分針對身心障礙者參與正念園藝治療團體活動方案前測與後測之比較進行分析。根據上表結果顯示，參與者參與正念園藝治療團體活動方案，經整體福祉效益量表結果發現達顯著差異（$p = 0.002$, $p < 0.05$），顯示對服務對象具有良好的福祉效益提升情形；在園藝治療福祉效益量表結果發現亦達顯著差異（$p = -0.002$, $p < 0.05$），顯示園藝介入活動對服務對象具有良好的改善情形；在學習狀況量表結果發現亦達顯著差異（$p = -0.004$, $p < 0.05$），顯示對服務對象具有良好的學習提升情形。整體研究結果顯示正念園藝活動對於參與者有良好的福祉與學習提升的介入效果。

16. 整體福祉效益評估量表：

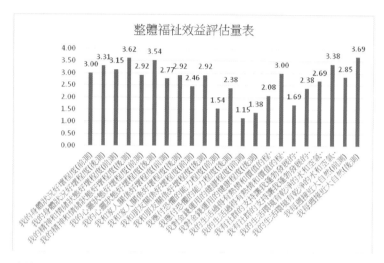

資料來源：林義學、賴俊旭、江美羚、于大鈞、黃于庭、鄭世昌、游佳軒、
林羽澄（2020）。

(1) 我的身體狀況好壞：前測平均 3 分，經正念園藝活
動後平均進步 0.31 分，後測達 3.31 分。經平均數
比較後，顯示學員參與此方案後，身體狀況好壞程
度有所提升。

(2) 我的精神狀態好壞程度：前測平均 3.15 分，經正
念園藝活動後平均進步 0.47 分，後測達 3.62 分。
經平均數比較後，顯示學員參與此方案後，精神狀
態好壞程度有所提升。

(3) 我的心靈狀態好壞程度：前測平均 2.92 分，經正
念園藝活動後平均進步 0.62 分，後測達 3.54 分。

經平均數比較後，顯示學員參與此方案後，心靈狀態好壞程度有所提升。

(4) 我和家人關係好壞程度：前測平均 2.77 分，經正念園藝活動後平均進步 0.16 分，後測達 2.92 分。經平均數比較後，顯示學員參與此方案後，家人關係好壞程度有所提升。

(5) 我和朋友關係好壞程度：前測平均 2.46 分，經正念園藝活動後平均進步 0.46 分，後測達 2.92 分。經平均數比較後，顯示學員參與此方案後，朋友關係好壞程度有所提升。

(6) 我應付恐懼能力程度：前測平均 1.54 分，經正念園藝活動後平均進步 0.84 分，後測達 2.38 分。經平均數比較後，顯示學員參與此方案後，應付恐懼能力程度有所提升。

(7) 我的金錢運用健康程度：前測平均 1.15 分，經正念園藝活動後平均進步 0.23 分，後測達 1.38 分。經平均數比較後，顯示學員參與此方案後，金錢運用健康程度有所提升。

(8) 我的生活過得有熱情和價值程度：前測平均 2.08 分，經正念園藝活動後平均進步 0.92 分，後測達 3.00 分。經平均數比較後，顯示學員參與此方案後，生活過得有熱情，價值程度也有所提升。

(9) 我的社群支持讓我蓬勃發展程度：前測平均 1.69
分，經正念園藝活動後平均進步 0.69 分，後測達
2.38 分。經平均數比較後，顯示學員參與此方案後，
社群支持讓其蓬勃發展程度有所提升。

(10) 我的生活環境有乾淨的水和空氣：前測平均 2.69
分，經正念園藝活動後平均進步 0.69 分，後測達
3.38 分。經平均數比較後，顯示學員參與此方案後，
接觸乾淨的水和空氣的程度有所提升。

(11) 我每週接近大自然：前測平均 2.85 分，經正念園
藝活動後平均進步 1.14 分，後測達 3.69 分。經平
均數比較後，顯示學員參與此方案後，親自參與、
接近大自然的程度有所提升。

17. 園藝治療福祉效益量表：

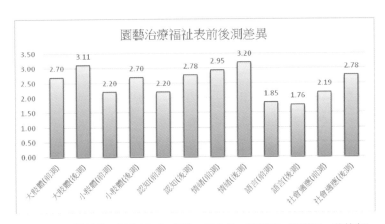

資料來源：林義學、賴俊旭、江美羚、于大鈞、黃于庭、鄭世昌、游佳軒、
　　　　　林羽澄（2020）。

(1) 大肢體：前測平均 2.70 分，經正念園藝活動後平
均進步 0.41 分，後測達 3.11 分。經平均數比較後，
顯示學員參與此方案後，大肢體有所提升。

(2) 小肢體：前測平均 2.20 分，經正念園藝活動後平
均進步 0.50 分，後測達 2.70 分。經平均數比較後，
顯示學員參與此方案後，小肢體有所提升。

(3) 認知：前測平均 2.20 分，經正念園藝活動後平均
進步 0.58 分，後測達 2.78 分。經平均數比較後，
顯示學員參與此方案後，認知有所提升。

(4) 情緒：前測平均 2.95 分，經正念園藝活動後平均
進步 0.25 分，後測達 3.20 分。經平均數比較後，
顯示學員參與此方案後，情緒有所提升。

(5) 語言：前測平均 1.85 分，經正念園藝活動後平均
下降 0.09 分，後測達 1.76 分。經平均數比較後，
顯示學員參與此方案後，語言有所提升。

(6) 社會適應：前測平均 2.19 分，經正念園藝活動後平
均進步 0.69 分，後測達 2.78 分。經平均數比較後，
顯示學員參與此方案後，社會適應有所提升。

18. 學習狀況評量表：

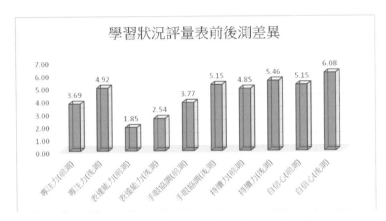

資料來源：林義學、賴俊旭、江美羚、于大鈞、黃于庭、鄭世昌、游佳軒、
林羽澄（2020）。

(1) 專注力：前測平均 3.69 分，經正念園藝活動後平均進步 1.23 分，後測達 4.92 分。經平均數比較後，顯示學員參與此方案後，專注力有所提升。

(2) 表達能力：前測平均 1.85 分，經正念園藝活動後平均進步 0.69 分，後測達 2.54 分。經平均數比較後，顯示學員參與此方案後，表達能力有所提升。

(3) 手眼協調：前測平均 3.77 分，經正念園藝活動後平均進步 1.38 分，後測達 5.15 分。經平均數比較後，顯示學員參與此方案後，手眼協調有所提升。

(4)　持續力：前測平均 4.85 分，經正念園藝活動後平
均進步 0.61 分，後測達 46 分。經平均數比較後，
顯示學員參與此方案後，持續力有所提升。

(5)　自信心：前測平均 5.15 分，經正念園藝活動後平
均進步 0.93 分，後測達 6.08 分。經平均數比較後，
顯示學員參與此方案後，自信心有所提升。

8 正念行走活動與方案操作

一、概念與功能

　　正念行走又稱行走靜觀、正念走路，亦或是「行禪」。正念行走（walking meditation）之運作方法，主要是透過行走的過程，覺察自身腳底板、腿部以及身體移動的經驗與感覺，行走過程中若專注力有所飄移，可以溫和的方式，將飄移的心帶回身體（溫宗堃，2015）。讓自己透過行走的方式結合正念呼吸過程，覺知自己在心裡與身體的感受。

　　正念行走又稱為動作禪，主要是一種較為動態的正念活動，結合行走過程保持覺察，對身體的動作和心理的感受需要保持專注而開放的覺察，同時以友善的態度接納所體驗的感受（朱素珠，2014）。正念行走的運作，主要是以提高覺察，並且保持一種慢吸慢吐的呼吸方法進行，過程間感受身體的變化情形（蔡維廷，2017）。具體的說，即在於行走過程，需要感受腳底與地面接觸、腿部或身體移動的感覺，行走間的每一步，都是保持一種全心安住在當下，帶著覺察與不評判的方式在行走（崔鴻義，2019）。正念行走與其他的正念運作方式不同，乃是一種較偏動態的正念活動，但在動態過程中，仍然保持開放、覺察、專注且不評判的方式，感受當下的身、心理感受。

正念行走可以帶來許多好處，亦與我國老人的運動需求可以結合，根據我國教育部體育署之老人運動政策之研究報告書（2010）顯示，我國老人運動主要以低運動強度為主；老人最喜歡且參與度最高的運動項目是散步、健行、郊遊、爬山及自行車等。此外根據衛生福利部老人狀況調查報告（2018）顯示，我國 65 歲以上人口的休閒活動項目中，「戶外健身、運動」占 52.9%。顯然正念行走與我國高齡國人的運動選項相符，可以作為我國老人國民之運動休閒的項目之一。

在相關研究顯示，如果老人有良好的體適能，有助於提升日常生活的功能，以及生活的獨立與自主能力，同時減少慢性疾病的發生與降低死亡的風險（龍紀萱、許靜儀、李依臻，2016）。而失智症的老人，其體適能的結果表現與身體活動量，會比一般的老人或輕度認知障礙者有較為明顯的降低，但透過體能活動介入，對失智症老人之體適能、上肢肌力與下肢柔軟度可發現有顯著的成效（陳秀惠等人，2017）。顯然，老人的體適能能力、身體活動能力與獨立生活能力，可以透過體適能運動獲得改善，有助於提升與維持老人的自主生活能力。

高齡國人透過正念行走之休閒活動，有助於身體機能與心理健康狀態的改善。在我國相關老人活動研究中顯現，社區中的老人其身體活動與生活品質有正相關影響（陳嫣芬、林晉榮，2006），並且與醫療看診次數呈負相關（高興桂，2012），顯示老年人愈活動，身體愈健康，就醫的

次數也會隨之下降。方進隆（2017）表示，經由正念行走得以改善心肺功能、心理情緒、免疫功能、慢性疾病、減少罹病率和死亡率。此外，透過正念行走的活動，也增進感官能力與自我身心覺察能力，以及提升專注力，使之更為集中（羅稀宸，2020）。透過正念行走，能夠帶給老人生理與心理方面能力的改善，增進老人的生活品質。

二、正念行走操作核心

正念行走課程以自身身體的行進作為一種練習正念的方式，由行走中幫助自我感受自身身體的感覺，並從內在延伸到外在，感受周圍環境與自我的內在關係，如周圍環境的聲音、溫度、外在顏色、外在景色、環境的味道、植物所帶來的顏色、味道、觸覺，從自我身體、心理與外在環境間的各式經驗感覺的融合，覺察內在的身、心經驗與感覺。

三、正念行走操作概念

1. 第一個層次學習內觀，讓自己專注於呼吸，並結合行走過程調適自己的呼吸。

2. 第二個層次是生理與情緒覺察與處理的練習，練習感受自我的身體與情緒狀態，進而感受行走間的內在經驗。

3. 第三個層次透過正念行走與外在環境的覺知，練習覺
   察自己與外在環境間的感受。

4. 第四個層次經由正念行走以及內在心靈的關注、對話
   與聯想，過程中獲得內在心理與身體的調適。

四、正念行走課程單元與操作

活動設計：作者實際執行並參考修正自方進隆（2017）。

1、2 週 正念行走坐中練習與站立呼吸

模擬示範與操作

(一) 靜坐手部提移練習

1. 上下移動練習：
   右手向上緩緩抬起，20-30 秒
   再放下於大腿，數次後再轉換
   成左手。

2. 靜坐提移落觸練習：
   放鬆安靜坐於椅子上，雙手放
   置於大腿上，將手想像成腳，
   手掌朝下，練習提腿、向前移
   動、下落和觸地四個步驟。

(二) 站立呼吸

1. 站立呼吸練習：
   站立如靜坐般，透過呼吸讓全
   身放鬆，感受全身皆在呼吸。
   吸氣時全身皆在吸氣，吐氣時
   感受全身在吐氣。

2. 站立提移落觸練習：
   將雙腳當作雙手般練習，提起
   右腳，腳掌與地面平行，小腿
   往前移動，腳跟落地，腳掌與
   地面接觸。緩慢反覆動作，感
   受呼吸、身體、腳步提起、腳
   步伸展、移動、落地與接觸的
   全身感受。

3、4週 正念行走專注力方法

模擬示範與操作

1. 注意腳跟：
   身心放鬆，步行過程注意力放在腳跟，感受每一步腳跟觸地的感覺。

2. 數步數：
   配合步伐數一、二、一、二，或者配合步伐數一、二、三、四；又或者是循環的數一至十。

3. 注意全身各部位：
   步行過程，注意感受，由頭部逐漸往身體不同的部分進行感受，過程中並默念「放鬆」，讓自己各個部位能放鬆。

4. 注意力集中在身心狀況與感受：
   感受自己身體或心理的情形，感受自己身心的狀況，以達自我覺察。

5、6週 正念行走放鬆方法

模擬示範與操作

1. 伸展操：
   行走前進行約 5-10 分鐘簡易熱身與緩和活動，讓身心預備活動。
2. 呼吸方法：
   練習深沉緩慢的方式進行呼吸。走路時可以注意呼吸，吸氣時感受身體變化，吐氣時讓自己的身體放鬆，吸氣與吐氣過程，可以依照自己的速度如二至四步一個呼吸、二至四步一個吐氣，反覆實施。習慣呼吸後，在行走過程中，慢慢將呼吸拉長，帶來更多放鬆與平靜。
3. 姿勢調整：
   行走過程中調整姿勢，讓身體可以感到舒適與放鬆，而不產生疼痛與不適。脊椎自然挺直、肩膀放鬆、雙手自然下垂、雙腿自然移動，維持身體與心理放鬆行走。

7、8 週 正念行走呼吸方法

模擬示範與操作

1. 結合步伐呼吸：
   依據個人吸吐之長短與步伐進行搭配，尋找自己呼吸長短與步數間和諧之方式，讓自己獲得舒暢。

2. 數息：
   每次呼吸中，吸氣與吐氣視為一次，即數一；接下來進行第二次吸氣與吐氣，即數二。不斷數息至十，為一個循環，達十之後再數息從一開始，直至正念步行結束。

3. 隨腳步呼喚呼吸：
   呼吸之間，配合腳步，隨著呼吸與腳步喊出「吸」與「呼」，例如吸氣走三步，則搭配步伐，每個步伐均喊吸，然後配合吐氣與步伐，每一步均喊吐，讓自己感受到吸吐與步伐間的連結。

9、10週 正念行走自我對話方法

模擬示範與操作

1. 自我激勵對話：
   結合生命經歷過程，使用自我激勵語句，例如寧靜致遠、永不放棄、順勢而為等語句，透過行走體悟人生與自我激勵。
2. 自我引導與靈性：
   正念行走過程，進行自我對話。自我對話的語句可以自己設定，例如保持愉快、身心放鬆、自然自在等四個字，得自我對話搭配步伐四步。若有宗教信仰亦可使用宗教性語句，增進自我的靈性修行。

11、12週 正念行走引導聯想方法

模擬示範與操作

1. 自然與心靈引導聯想：

   藉由行走過程，讓自己與周圍的環境融合，聯想自然的生命
   與發展，以及從中體會人在自然中的生命過程，讓自我可以
   在自然的發展過程中，看見萬物的運行，從中獲得生命的自
   在。

2. 愉悅聯想方法：

   在行走過程中，想像與喜歡的人、事、物在一起，或者想像
   自己沉浸在自我喜歡、愉悅的環境中行走，讓自己獲得放鬆
   與歡喜的狀態。

五、正念行走活動計畫書與效益分析範例

1.　目的：

 (1)　藉由正念行走活動，幫助服務對象於正念行走活動中，增進自我情緒覺察以及壓力的調適。

 (2)　透過正念行走活動，增進服務對象自我生理、心理與外在環境的覺察與感受，並從中增進生、心理與靈性狀態的改變。

2.　活動日期：20 ○○年○月○日

3.　活動時間：下午 14：30-16：00

4.　活動場地：交誼廳

5.　活動主題：正念行走坐中練習與站立呼吸

6.　領導者：○○○

7.　協助者：○○○

8.　參加人數：服務對象 10 人、服務人員 2 人

9.　參與對象：有意願參與之長者

10. 進行流程：

時間	內容	備註
14：30-14：35	集合。	協助帶領長者至活動地點。
14：35-14：40	活動目的解說與簡易示範。	
14：40-15：00	模擬示範與帶領操作上下移動練習。	
15：00-15：20	模擬示範與帶領操作站立呼吸。	
15：20-15：40	活動分享時間。	活動帶領者引導長輩分享。
15：40-16：00	活動紀錄撰寫。	

資料來源：作者製作。

11. 預期效益：

(1) 經由辦理正念行走活動，增進長輩自我覺察能力，以達調整自我情緒壓力的舒緩。

(2) 藉由正念行走活動過程，增進服務對象生理、心理與自我靈性的覺察，進而達到生、心、靈狀態的提升。

12. 團體回饋紀錄單：

(1) 團體回饋紀錄單：

團體名稱：正念行走團體　　第＿＿次

日期：＿＿年＿＿月＿＿日　　　　　　　記錄人：＿＿＿＿＿＿

單元主題：＿＿＿＿＿＿＿＿	
時間：＿＿時＿＿分 - ＿＿時＿＿分	
地點：交誼廳	
領導者	○○○
協同領導者	○○○（無可直接寫無）
協助成員	○○○、○○○（無可直接寫無）
出席成員	○○○、○○○、○○○、○○○、○○○、○○○、○○○、○○○
未出席成員	
團體表現	個別參與度：□非常好 □很好 □好 □不佳 □非常不佳
	團體氣氛：□非常好 □很好 □好 □不佳 □非常不佳
	團體回饋：□非常好 □很好 □好 □不佳 □非常不佳
	團體動力：□非常好 □很好 □好 □不佳 □非常不佳
團體成員個別重要事件紀錄	A 參與者： B 參與者： C 參與者： D 參與者： E 參與者： F 參與者： G 參與者： H 參與者：
活動帶領人回饋與檢討改善之處	
主管回饋	

帶領人：＿＿＿＿＿＿　　督導：＿＿＿＿＿＿　　主管：＿＿＿＿＿＿

資料來源：作者製作。

(2)　正念行走團體活動照片：

活動說明：

(3) 正念行走團體整體活動滿意度表：

填答人：＿＿＿＿＿＿＿　　　　　日期：＿＿年＿＿月＿＿日

編號	題目	非常滿意	很滿意	不滿意	非常不滿意
1	團體場地讓感到滿意				
2	團體內容讓我獲益良多				
3	團體中活動設備讓我能參與				
4	團體中我感受到安全				
5	團體中我可以充分表達				
6	團體中我可以自由發言				
7	團體中有因為我的狀況讓我可以表現				
8	團體中領導者表現讓我感到樂於參與				
9	團體中整體而言我樂於參與				
10	整體團體的參與讓我感到滿意				

建議：

1. 日後課程主題建議：＿＿＿＿＿＿＿＿＿＿＿＿＿＿＿＿＿＿＿

＿＿＿＿＿＿＿＿＿＿＿＿＿＿＿＿＿＿＿＿＿＿＿＿＿＿＿＿＿＿

＿＿＿＿＿＿＿＿＿＿＿＿＿＿＿＿＿＿＿＿＿＿＿＿＿＿＿＿＿＿

2. 本次活動受益之處：＿＿＿＿＿＿＿＿＿＿＿＿＿＿＿＿＿＿＿＿

＿＿＿＿＿＿＿＿＿＿＿＿＿＿＿＿＿＿＿＿＿＿＿＿＿＿＿＿＿＿

＿＿＿＿＿＿＿＿＿＿＿＿＿＿＿＿＿＿＿＿＿＿＿＿＿＿＿＿＿＿

3. 活動其他建議：＿＿＿＿＿＿＿＿＿＿＿＿＿＿＿＿＿＿＿＿＿＿

＿＿＿＿＿＿＿＿＿＿＿＿＿＿＿＿＿＿＿＿＿＿＿＿＿＿＿＿＿＿

＿＿＿＿＿＿＿＿＿＿＿＿＿＿＿＿＿＿＿＿＿＿＿＿＿＿＿＿＿＿

資料來源：作者製作。

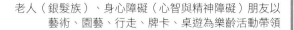
13. 正念行走活動效益分析

項目	測驗時機	平均數	p-value
老人幸福感	前測	27.33	0.032
	後測	35.33	
簡式心理健康量表	前測	9.00	0.036
	後測	5.00	
老人憂鬱量表	前測	12.66	0.033
	後測	3.83	
心智專注量表	前測	40.50	0.029
	後測	61.66	
步行速度（時間）	前測	17.35	0.437
	後測	16.01	
步數	前測	25.00	0.281
	後測	23.83	

資料來源：侯致遠、林義學、曾怡芬、謝佳勳、郭怡雯、林夢竹、劉瑋斾（2020）。

　　此部分針對高齡者參與正念行走治療團體活動方案前測與後測之比較進行分析。根據上表結果顯示，參與者參與正念行走團體活動方案，經老人幸福感量表結果發現，活動參與後幸福感分數上升，並達顯著性（$p = 0.032$, $p < 0.05$），顯示對服務對象具有良好的幸福感提升效果；在簡式心理健康量表結果發現，活動參與後情緒困擾分數下降，亦達顯著差異性（$p = -0.036$, $p < 0.05$），顯示對服務對象具有良好的情緒困擾改善情形；經老人憂鬱量表

結果發現，活動參與後憂鬱分數呈現下降並達顯著差異（p = -0.007, $p < 0.05$），顯示對服務對象具有良好的憂鬱改善情形。步行速度與步數經實施後，雖然未達顯著改變，但從平均數差異可以看出後測成績相較前測成績為優，在步行速度上，10 公尺的距離長輩進步了 1.34 秒，表示長輩步行的速度增加了；此外，長輩步數減少了 1.17 步，顯示長輩的步距有所增加，所以步距減少，且步行的速度增加，顯示長輩的步行幅度與速度有正向增加。本方案無論從心理面與生理面檢視結果而言，顯示此次辦理活動相當成功，效益極佳。整體研究結果顯示正念行走活動對於參與者有良好的心理與心智專注的介入效果。

9 正念牌卡團體活動概念與功能

一、概念與功能

近幾年，卡片媒材的出現，許多輔導人員將此視為諮商歷程中有助於推動輔導成效工具之一，亦紛紛運用在團體活動工作當中，且應用對象多元，包括青少年、大學生……等。以卡片媒材作為諮商輔導之輔助工具，可以降低個案抗拒、焦慮並協助個案進行內在探索，對晤談工作的進行有相當大的幫助（楊淑貞，2011)。其中分組小團體的相互體驗，不僅促進成員間的回饋與交流，還能提升成員間相互支持與鼓勵的氣氛，增進成員彼此之間的關係（陳增穎、周吟樺，2014）。所以近年來牌卡的運用，在團體諮商或團體工作的領域愈來愈被接受，所創造的帶領形式與議題亦更加多元。

牌卡的運用可以帶來象徵隱喻的效果，同時具有數點意涵：（一）達到輔助個人直覺表達，使無法完全表達之概念或邏輯得以被表述；（二）協助個人內在心理層次訊息的表達；（三）提供服務對象關注之訊息探索方向（江宛凌、陳慶福，2008）。此外牌卡並且在團體活動過程具有：（一）以「玩」的方法進行在我內在探索；（二）透過牌卡降低個人擔憂而認識自己；（三）增加服務對象降低擔憂的心情（許雅貞，2012）等各項功能。

有關生命旅途卡（林義學，2018）的牌卡運用，是敘事觀點卡片的媒材，提供當事人情境脈絡的卡片，請當事人根據卡片上的場景分享故事，其分享的故事會透露出個人的生活經驗及感受（許雅貞，2012）。透過牌卡的選擇，可以具象個案的問題與所描繪的意義。團體成員可以自由選擇適當的圖案，作為內在心理意義的象徵與內在心理的投射。透過牌卡增進服務使用者間對於事物描述的內涵，具體化參與者對於事情的描述，有助於帶領者與參與者一起認識所發生的生命經驗與故事。

二、正念牌卡團體活動操作核心

牌卡的操作可以突破個人擔憂與表達不易的限制，也可以透過象徵與隱喻的方式，表達與探索內在的自我。所以正念牌卡課程主要透過系列主題式的牌卡對話與表達課程，以牌卡作為主要媒介，結合正念療法，進而引導服務對象以牌卡協助自我探索、表達、辨別以及提出自我想法與解決方案之能力，使服務對象降低壓力與憂慮，透過牌卡對話促成自身內在心理議題的釐清與能量提升。

三、正念牌卡團體活動操作階段

1. 第一個層次學習內觀，讓自己專注於呼吸，並練習呼吸的過程結合呼吸的專注。

2. 第二個層次是情緒覺察與處理的練習，進行牌卡活動

中挑選相對應的牌卡以及練習感受牌卡象徵與隱喻中
自我的情緒狀態。

3. 第三個層次透過正念覺察結合牌卡活動，嘗試表達過
程中牌卡帶來的聯想、自我覺察以及內在想法。

4. 第四個層次經由正念覺察與牌卡表達活動，適當地陳
述自我，使自我獲得正向與放鬆的效果。

四、團體目標與活動設計

團體目標：

(1) 藉由正念牌卡表達活動，使正念療法與心理牌卡活
動相結合，使參與者可以在活動中透過牌卡進行心
理內在的探索，練習內在心理議題的表述與表達可
能的方向，進而使真實生活選擇適切的方式，促進
關注議題的改善。

(2) 結合多元牌卡，體驗內在心理議題與嘗試表達，進
而使心裡議題得以被探索與關注，並從中提升自我
內在心理議題表達之能力。

(3) 透過多元牌卡之挑選與表達，從中獲得正向感受與
同儕支持，進而重獲自信，降低憂慮與壓力。

正念多元方案設計與
實證操作手冊（二版）

五、活動流程與設計

　　團體進行依照服務單位安排之課表，每次 1.5-2 小時，總共進行 12 次，並於第一次活動前給予時間，安排前測問卷使用；第 12 次活動結束後一週，安排同一問卷進行後測使用。活動過程為：1. 暖場問候；2. 正念呼吸練習與自我覺察；3. 牌卡瀏覽與選擇；4. 挑選之牌卡表達與分享。正念多元牌卡團體活動之設計，主要以體驗不同牌卡促進內在心理議題的表達，重點在於幫助參與者獲得內在心理探索、覺察、頓悟與尋找可能的發展方向，進使參與者於活動後，能將團體活動中討論之內在心理議題與方向，於日常生活中獲得開展的啟發，以促進人際、社會與相關面臨之問題的被解決。

六、正念牌卡團體活動課程單元與操作

資料來源：作者製作。

01 OH 卡—自由聯想

媒材操作簡略說明

1. OH 卡（主要為圖像卡）正面朝下排列成一直線。
2. 參與者依序一人抽三張牌。
3. 每位參與者依序將手中的牌翻成正面朝上。
4. 進行三張牌主題的自由聯想：第一張牌聯想方向為自我內在議題、第二張牌聯想為因應方向、第三張牌聯想為可能結果。
5. 每位參與者依序表達。
6. 團體參與者互相給予回饋。

基本材料

OH 卡。

02 OH卡一暢談過去、現在、自由未來的人生

媒材操作簡略說明

1. OH卡（主要為圖像卡＋文字卡共同使用）正面朝下排列成一直線。
2. 參與者依序一人各抽三張圖像卡與文字卡，總計六張。
3. 每位參與者依序將手中的牌翻成正面朝上。
4. 抽取的圖像卡與文字進行1對1配對。
5. 進行三張牌主題的自由聯想：第一組牌聯想方向為自我過去、第二組牌聯想為現況的自己、第三組牌聯想為自我可能的未來。
5. 每位參與者依序表達。
6. 團體參與者互相給予回饋。

基本材料

OH卡。

03 生命旅途卡—外在事件與心理感受自由配對分享

媒材操作簡略說明

1. 生命旅途卡中—事件卡（粉紅色）
   與心情卡（藍色），所有牌正面
   朝上。
2. 參與者依序一人各選擇一張事件
   卡與心情卡，至少二張。
3. 每位參與者依序將手中的牌放置
   於桌上。
4. 每位參與者依序進行外在事件與
   心理感受的分享。
5. 團體參與者互相
   給予回饋。

基本材料

創造自己生命的
故事—生命旅途
卡。

04 生命旅途卡—生命歷程特別的生命事件與心理感受選擇排列成生命故事分享

媒材操作簡略說明	基本材料
1. 生命旅途地圖朝上。 2. 生命中五個階段各至少挑選一組事件卡（粉紅色）與心情卡（藍色），所有牌正面朝上。 4. 參與者依照個人生命的發展歷程依序進行外在事件與心理感受的分享。 5. 完成個人生命故事的分享。 6. 團體參與者互相給予回饋。	創造自己生命的故事—生命旅途卡。

05 優勢資源卡 - 探索既有內在系統優勢與外在環境優勢分享

媒材操作簡略說明	基本材料
1. 優勢資源卡中一內在系統優勢卡與外在資源卡（藍色），所有牌正面朝上。 2. 參與者依序一人各選擇數張現況「具有」的內在與外在優勢以及資源，至少數張。 3. 每位參與者依序將手中的牌放置於桌上。 4. 每位參與者依序進行內在優勢與外在資源的分享與運用的分享。 5. 團體參與者互相給予回饋。	優勢資源卡。

06 優勢資源卡—想望發展新的內在系統優勢與外在環境優勢分享

媒材操作簡略說明	基本材料
1. 優勢資源卡中 - 內在系統優勢卡與外在資源卡（藍色），所有牌正面朝上。 2. 參與者依序一人各選擇數張現況「缺少或不足」的內在與外在優勢以及資源，至少數張。 3. 每位參與者依序將手中的牌放置於桌上。 4. 每位參與者依序進行期待未來獲得內在優勢與外在資源不足的想法與方法。 5. 團體參與者互相給予回饋。	優勢資源卡。

07 職涯旅途卡—探索職場就業困難與因應方式

媒材操作簡略說明

1. 職涯旅途卡中一狀況卡（牌卡背面是領帶圖案）與方法卡（牌卡背面是公事包圖案），所有牌正面朝上。
2. 參與者依序一人各選擇一張狀況卡與相對應可能的解決卡，至少二張。
3. 每位參與者依序將手中的牌放置於桌上。
4. 每位參與者依序進行職場遇到的狀況與尋求解決方式。
5. 團體參與者互相給予回饋。

基本材料

創造自己職涯的故事—職涯旅途卡。

08 職涯旅途卡—分享職涯成長故事歷程

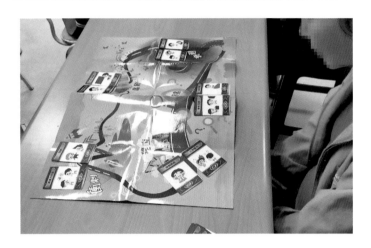

媒材操作簡略說明

1. 職涯旅途地圖朝上
2. 職涯中五個階段各至少挑選一組狀況卡（領帶）與方法卡（公事包），所有牌正面朝上。
4. 參與者依照個人職涯的發展歷程依序進行職涯不同階段遇到的問題與成長的方法分享。
5. 完成個人職涯成長故事的分享。
6. 團體參與者互相給予回饋。

基本材料

創造自己職涯的故事—職涯旅途卡。

09 解決卡一分享人生例外能量

媒材簡略說明

1. 解決卡正面平舖在桌面上，正面朝上。
2. 參與者進行每張牌的瀏覽。
3. 每位參與者選擇數張自己人生例外的正能量。
4. 每位參與者依序分享人生例外正能量解決問題的經驗。
5. 團體參與者互相給予回饋。

基本材料

解決卡。

10 解決卡—書寫個人故事

媒材操作簡略說明

1. 解決卡正面平舖在桌面上，正面朝上。
2. 參與者進行每張牌的瀏覽。
3. 每位參與者選擇數張與自己生命有關的卡片。
4. 書寫從卡片獲得感受的生命經驗。
5. 分享彼此的生命經驗。
6. 團體參與者互相給予回饋。

基本材料

解決卡。

11 漣漪卡—分享 11 週課程參與以來的學習心得

媒材操作簡略說明

1. 漣漪卡正面平舖在桌面上，正面朝上。
2. 參與者進行每張牌的瀏覽。
3. 每位參與者選擇數張 11 週上課以來的心得。
4. 每位參與者依序分享。
5. 團體參與者互相給予回饋。

基本材料

漣漪卡。

12 漣漪卡—分享最後的彼此祝福漣漪卡

媒材操作簡略說明

1. 漣漪卡正面平舖在桌面上，正面朝上。
2. 參與者進行每張牌的瀏覽。
3. 每位參與者選擇數張牌，並且贈送給與會的他人。
4. 每位參與者輪流分享贈送卡片的意義。
5. 團體參與者互相給予回饋與祝福。

基本材料

漣漪卡。

七、正念牌卡團體活動計畫書與效益分析範例

1. 目的：

   (1) 藉由正念牌卡活動，使服務對象於正念牌卡活動中，增進自我內在心理議題的探索與覺察。

   (2) 透過牌卡選擇與分享活動，增進服務對象與內在自我親近的能力，並能探索自我內在的想法與表達。

   (3) 經由正念牌卡的生命探索、與人分享的過程，增進與他人的人際互動關係。

2. 活動日期：20〇〇年〇月〇日

3. 活動時間：下午 14：30-16：30

4. 活動場地：交誼廳

5. 活動主題：生命旅途卡

6. 領導者：〇〇〇

7. 協助者：〇〇〇

8. 參加人數：服務對象 10 人、服務人員 2 人

9. 參與對象：有意願參與之服務對象

10. 準備器材：

項目	物品	數量	備註
1	牌卡	1盒	
2	筆記本	數本	
3	筆	數枝	

資料來源：作者製作。

11. 進行流程（單一課程範例）：

每次活動，帶領者依此範例操作進行。

時間	內容	備註
14：30-14：35	內容	協助帶領參與者至活動地點。
14：35-14：40	三分鐘呼吸空間實作	
14：40-14：50	帶領者活動目的解説與簡易示範	
14：50-15：00	1. 生命旅途卡選擇：事件卡與心情卡 2. 卡片自由配對	
15：00-15：10	帶領者示範作品分享	
15：10-16：05	活動帶領者引導參與者依序分享	
16：05-16：15	場復：整理場地	
16：15-16：30	活動帶領者進行活動紀錄撰寫	

資料來源：作者製作。

12. 預期效益：

(1) 經由辦理正念牌卡活動，增進服務對象內在心理覺察能力，以及增進述說表達能力，增進心理壓力的改善。

(2) 藉由正念牌卡選擇與表數的過程，獲得生命頓悟與省察，並由牌卡與他人分享，獲得人際關係的提升。

13. 活動經費概算：

	項目	單位	單價	數量	金額	說明
1	牌卡	盒	依牌卡金額	1	依牌卡金額	活動用品使用完畢才補充新品，不是每場皆使用新品，所以活動費用可再降低。
2						
3						
總和						

資料來源：作者製作。

14. 團體回饋紀錄單：

正念版卡團體回饋紀錄單：

團體名稱：正念牌卡團體　　第＿＿次

日期：＿＿年＿＿月＿＿日　　　　　　　　記錄人：＿＿＿＿＿＿

單元主題：＿＿＿＿＿＿＿＿ 時間：＿＿時＿＿分 - ＿＿時＿＿分 地點：交誼廳	
領導者	○○○
協同領導者	○○○（無可直接寫無）
協助成員	○○○、○○○（無可直接寫無）
出席成員	○○○、○○○、○○○、○○○、○○○、○○○、 ○○○、○○○
未出席成員	
團體表現	個別參與度：□非常好 □很好 □好 □不佳 □非常不佳
	團體氣氛：□非常好 □很好 □好 □不佳 □非常不佳
	團體回饋：□非常好 □很好 □好 □不佳 □非常不佳
	團體動力：□非常好 □很好 □好 □不佳 □非常不佳
團體成員個別重要事件紀錄	A 參與者： B 參與者： C 參與者： D 參與者： E 參與者： F 參與者： G 參與者： H 參與者：
活動帶領人回饋與檢討改善之處	
督導回饋	

帶領人：＿＿＿＿＿＿　　督導：＿＿＿＿＿＿　　主管：＿＿＿＿＿＿

資料來源：作者製作。

15. 正念版卡團體活動照片：

活動說明：

資料來源：作者製作。

16. 正念牌卡團體活動整體活動滿意度表：

填答人：＿＿＿＿＿＿＿　　　　日期：＿＿年＿＿月＿＿日

編號	題目	非常滿意	很滿意	不滿意	非常不滿意
1	團體場地讓感到滿意				
2	團體內容讓我獲益良多				
3	團體中活動設備讓我能參與				
4	團體中我感受到安全				
5	團體中我可以充分表達				
6	團體中我可以自由發言				
7	團體中有因為我的狀況讓我可以表現				
8	團體中領導者表現讓我感到樂於參與				
9	團體中整體而言我樂於參與				
10	整體團體的參與讓我感到滿意				

建議：

1. 日後課程主題建議：＿＿＿＿＿＿＿＿＿＿＿＿＿＿＿＿＿＿＿＿＿

＿＿＿＿＿＿＿＿＿＿＿＿＿＿＿＿＿＿＿＿＿＿＿＿＿＿＿＿＿＿＿

2. 本次活動受益之處：＿＿＿＿＿＿＿＿＿＿＿＿＿＿＿＿＿＿＿＿＿

＿＿＿＿＿＿＿＿＿＿＿＿＿＿＿＿＿＿＿＿＿＿＿＿＿＿＿＿＿＿＿

3. 活動其他建議：＿＿＿＿＿＿＿＿＿＿＿＿＿＿＿＿＿＿＿＿＿＿＿

＿＿＿＿＿＿＿＿＿＿＿＿＿＿＿＿＿＿＿＿＿＿＿＿＿＿＿＿＿＿＿

資料來源：作者製作。

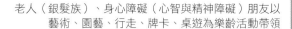

17.　正念牌卡效益分析：

項目	測驗時機	平均數	*p*-value
憂鬱自我評估量表	前測	11.4	0.038*
	後測	6.8	
壓力知覺量表	前測	21.4	0.037*
	後測	13.7	

註：*p < 0.05, **p < 0.01, ***p < 0.001
資料來源：作者製作。

　　此部分針對參與正念牌卡團體活動方案前測與後測之差異分析，以前測與後測之比較進行分析。根據上表結果顯示，參與者參與正念牌卡團體活動方案，經憂鬱自我評估量表結果發現達顯著差異（p=0.038, p<.05），顯示對服務對象具有良好的憂鬱改善情形；在壓力知覺量表結果發現亦達顯著差異（p=-0.037, p<.05），顯示正念牌卡介入活動對服務對象具有良好的壓力改善情形。

10 正念桌遊團體活動概念與功能

一、概念與功能

桌遊的項目，何謂桌遊？與其他的遊戲差別為何？根據國學菌（2020）對桌遊的定義，意旨桌遊含括圖板、卡片與棋盤遊戲等，均屬桌遊的形式（引自邱文璽、李選、何蕎若，2021）。根據 (Boghian et al., (2019) 指出，桌遊可以成為專業人員依據主題與年齡，進行具有開發、傳達技能以及知識學習的工具（引自蔡淑文、詹馥蓮、謝佳蓉等，2020）。顯然桌遊除了娛樂功能亦具有學習的效果。

桌遊在相關的長期照顧服務之效果，例如常慧、靳桂芳（2011）指出桌遊對於老年人，可以獲得有關童年的回憶、壓力的舒緩以及增進社交活動等心理健康促進效果。此外在楊秋燕、陳明琡、沈金蘭、郭俊巖（2017）以桌遊進行評估老人憂鬱症及失智症情形改善之成效，研究結果顯示長輩的 MMSE level 後測較前測有顯著的提升，獲得顯著性的改善，對於憂鬱症傾向具有正向的改善與社會互動效果。

然而，對於使用桌遊進行各項服務介入的過程中，許多人擔心遊戲執行方法的困難，可是這也是桌遊獨特的地方。參與者配合各項結構化規則與配件，進行遊戲以獲得勝利（陳介宇，2010），桌遊活動過程可以獲得規則感、

團體感以及遵守相關的人際互動方式，對於個人的社會人際互動，可以獲得良好的維持與認知效果。

二、正念桌遊團體活動操作核心

　　正念桌遊課程藉由正念與桌遊的結合，使參與者在進行桌遊遊戲前與遊戲過程，以各項桌遊為媒介，結合正念療法，運用專注能力與放鬆，引導服務對象於桌遊活動過程練習專注、放鬆與情緒、認知感知等感受察覺，透過桌遊獲得心理內在與外在活動的各項情緒與生理狀態覺察，進而促成類化產生面對壓力、覺察壓力與降低壓力之能力。

三、正念桌遊團體活動操作階段

1. 第一個層次學習內觀，讓自己專注於呼吸。

2. 第二個層次乃將情緒覺察與處理的練習，練習感受自我的情緒狀態，以及將這樣的經驗帶入桌遊活動過程。

3. 第三個層次透過正念覺察結合桌遊活動，練習感知自己參與桌遊活動當下的生理與心理意念、狀態、生理與各項感受。

4. 第四個層次經由正念覺察與桌遊活動，促進自己內在以及與他人人際間良好的互動。

四、團體目標與活動設計

團體目標：

1. 藉由團體活動導入正念療法結合各項桌遊活動，使參與者可以在活動中練習自我心理與生理的感受覺察，並練習保持開放與接納。

2. 結合多元的桌遊活動，體驗各項桌遊中帶來的感受差異，以及練習與各項感受差異維持和諧的狀態。

3. 透過多元桌遊的活動，讓自己能從桌遊活動中看見面對競爭、壓力、挫折等各種情緒感受，並練習與各項感受保持接納與不批判的狀態，進而提升內在心理能量。

五、活動流程與設計

團體進行依照服務單位安排之課表，每次 1.5-2 小時，總共進行 12 次，並於第一次活動前給予時間，安排前測問卷使用；第 12 次活動結束後一週，安排同一問卷進行後測使用。活動過程為：1. 暖場問候；2. 正念呼吸練習與自我覺察；3. 桌遊活動學習與遊玩；4. 活動過程感受表達與分享。正念多元桌遊團體活動之設計，主要以體驗不同桌遊為主題，重點在於幫助參與者從遊戲中獲得認知與情緒覺察，以及體驗遊戲過程中面對的競爭、壓力、挫折與喜樂等各項感受，並練習保持接納與不批判，使自身的正念能量能逐漸提升，進而使自身面對生活議題時，能以正念的角度，面對生活的各種狀態。

六、正念牌卡團體活動課程單元與操作

資料來源：作者製作。

01 跳跳猴大作戰

媒材操作簡略說明	基本材料

媒材操作簡略說明

1. 組合桌遊樹幹、樹枝與樹葉。
2. 將樹枝隨機插入樹幹。
3. 將猴子倒入樹幹中並不掉落。
4. 成員輪流擲骰子並抽取相對應顏色的樹枝。
5. 最後獲得最少掉落的猴子即為贏家。

基本材料

跳跳猴大作戰。

02 UNO

媒材操作簡略說明

1. 初始每位玩家分別獲得 7 張牌。
2. 剩下的排放至中央當作牌堆。
3. 翻開牌堆第一張牌當作起始的數字與顏色。
4. 接續第一次第一位玩家（年紀最小者開始）。
5. 第一位玩家可以依照牌的顏色或數字出相對應的牌（顏色正確或數字正確至少一樣正確即可）。
6. 玩家依此邏輯出牌。
7. 過程中隨時可以出萬用牌。
8. 如果沒有牌可以出，則要從牌庫補一張牌。
9. 剩倒數第二張時要說「UNO」。
10. 出完最後一張牌則為贏家。
11. 其他玩家可以繼續玩。

基本材料

UNO。

03 閃靈快手

媒材操作簡略說明

1. 將牌放置於中央牌堆。
2. 五種道具老鼠、沙發、酒瓶、藍皮書、幽靈放置於牌堆旁。
3. 最先依照牌的內容比對抓到正確的物品即可獲得該牌，獲得一分。
4. 捉錯者扣一分，牌卡要放回牌堆。
5. 最後誰的牌最多即獲勝。

基本材料

閃靈快手。

04 德國心臟病

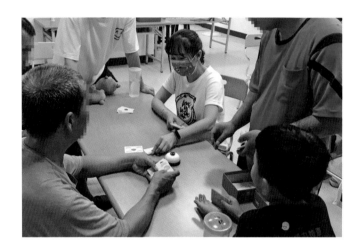

媒材操作簡略說明	基本材料

媒材操作簡略說明

1. 鈴鐺放置於桌面中央。
2. 將所有牌平均分散給參與者。
3. 水果牌平均分配給大家並且朝下不能看。
4. 從年紀最小者開始依序打出手上的排在桌面。
5. 當場上所有的牌只要有其中一種水果加起來數量是 5，即可按桌面上的鈴。
6. 最先按到鈴的可以拿取桌面的牌。
7. 如果數量不是 5，按錯時要將手上獲得的牌，平均分給對手。
8. 最後誰最先贏得每個人的牌即宣告獲勝。

基本材料

德國心臟病。

05 超級牛頭王

媒材操作簡略說明

1. 將牌發給每位玩家 10 張，剩餘放入牌庫。
2. 從牌庫抽出 4 張牌放置於桌面中央並打開。
3. 每人順時鐘依序翻開手中牌的，並參考數字放置於桌面 4 張牌的右邊（放置的牌數字需要比左側的大，依序類推）。
4. 桌面每列的牌作多只能放 5 張。
5. 如果出手的數字只能放置於第 6 張時，此時玩家則要將其中一列收回，並將第 6 張牌放置於第一張，維持桌面 4 牌的牌卡。
6. 最後計算誰回收的牌收到最多牛頭即為輸家。

基本材料

超級牛頭王。

06 超級犀牛

媒材操作簡略說明

1. 每位玩家發 5 張功能牌為手牌。
2. 桌子中央放置一張地基牌。
3. 從最年輕玩家開始。
4. 依照屋頂牌上面的線條放置牆壁牌。
5. 如果屋頂牌有犀牛則需將犀牛放置於指頂處。
6. 牌中有特殊功能牌，例如 X2 代表一次可以放 2 張屋頂牌、+1 則是需要從牌處中多拿取一張牌回手中、迴圈即是代表玩家遊戲順序迴轉。
7. 最後誰將手出的排出完即是贏家。
8. 房子如果中途導致掉落者即為輸家。

基本材料

超級犀牛。

07 拉密

基本材料

拉密。

媒材操作簡略說明

1. 所有牌放置於牌桌中央並蓋牌。
2. 活動中每個人獲得一個牌架與 14 張牌，並將牌放置於牌架。
3. 年紀最小者優先開始。
4. 每個人的牌必須符合二個規則 (1) 顏色一樣至少連號 3 張、
   (2) 顏色不一樣數字可以一樣至少 3 張。
5. 符合此二規則者，合計有 30 分即可破冰依此規則出牌。
6. 位破冰者持續從桌面拿一張牌，直到破冰為止。
7. 過程中如果拿到笑臉牌，即為百搭牌可以成為任何的牌。
8. 桌面上的牌可以進行串連與調整，只要符合二個規則 (1) 顏色
   一樣至少連號 3 張、(2) 顏色不一樣數字可以一樣至少三張。
9. 剩最後一張牌時要說拉密。
10. 最先出玩牌即為贏家。
11. 其他玩家手上剩餘的牌即可為輸家的分數，
    百搭牌計算為 30 分。
12. 分數最多的即為輸家。

08 諾亞方舟

媒材操作簡略說明

1. 將諾亞方舟至於桌子中間。
2. 由年紀輕的最先抽牌。
3. 抽到的牌打開並且尋找相對應
   的動物放到方舟上。
4. 流輪進行。
5. 最後讓諾亞方舟上的動物掉下
   來的即為輸家。
6. 依序進行多次，最少次的輸家
   即為贏家。

基本材料

諾亞方舟。

09 快手疊杯

媒材操作簡略說明

1. 每位玩家獲得五種顏色的杯子
   （紅、黃、綠、藍、黑），並將
   這五個杯子依序疊起。
2. 將爬放子於桌子中間。
3. 每翻一張牌，每個參與者即依照
   牌的內容，依照顏色進行水平或
   垂直排列。
4. 最先完成且正確者即獲勝，可拿
   回一張牌。
5. 然後再進行第二張牌，
   同樣方式進行。
6. 最後獲得牌作多者即
   獲勝。

基本材料

快手疊杯。

10 打蒼蠅

媒材操作簡略說明	基本材料

媒材操作簡略說明

1. 將所有牌平均分散給玩家，並且正面朝下。
2. 由最年輕的開始出手中的牌。
3. 每位玩家出牌後，直到出現 5 張不同顏色的蒼蠅卡時，或者是出現蒼蠅拍的卡時，則可以拍桌面上的牌。
4. 拍牌時必須是將手按在顏色最多的牌上，並將牌收回作為結束的分數計算。
5. 若有打錯牌時，則須從分數牌中抽取一張放入自己手中的牌堆。
6. 最後所有玩家手上的牌都出光時，遊戲結束。
7. 遊戲結束時計算手邊的卡片或者是牌上的數字，作為分數的計算方式，最高分數者則為贏家。

基本材料

打蒼蠅。

11 籤籤入扣

媒材操作簡略說明

1. 將高塔放置於桌子中間。
2. 年紀輕者最先開始。
3. 從籤袋中抽出一支籤。
4. 將籤依照高塔上的顏色一致放在一起。
5. 注意籤的顏色與高塔上顏色不同時不能互放。
6. 高塔上的籤只要顏色一樣可以放置。
7. 最後看高塔的倒下方向，獲得倒下愈多的籤即為輸家「愈少」獲得倒下的籤即為贏家。

基本材料

籤籤入扣。

12 德國蟑螂

媒材操作簡略說明

1. 將牌平均分給每位玩家。
2. 每位玩家可以看自己的牌。
3. 從最年輕者出牌。
4. 牌要蓋起來，並傳給下一位。
5. 傳的過程要說牌是什麼昆蟲或以動作展現，可以說正確的也可以不正確。
6. 接牌的人不可以看，但可以選擇相信或不相信；可以選擇要或不要，如果不要再傳給下一位玩家，過程中都不可以看牌的內容。
7. 直到有玩家相信牌的昆蟲就可以打開。
8. 打開後正確，就可以收下牌獲得一分，並出新的牌繼續開始。
9. 打開後不正確，牌就變成廢牌，也沒有分數，並出新的牌繼續開始。
10. 最後誰獲得的牌最多，即宣告獲勝。

基本材料

打蒼蠅。

七、正念桌遊團體活動計畫書與效益分析範例

1. 目的：

    (1) 藉由正念桌遊活動，使服務對象於正念桌遊活動中，感知生活中可能面對的競爭、壓力與各種人際感受。

    (2) 透過桌遊活動，增進服務對象自我感受覺察能力，並且從中練習對於各項感受的決枝與接納，並保持不批判的態度，增進面對各項情緒的能量。

2. 活動日期：20 ○○年○月○日

3. 活動時間：下午 14：30-16：30

4. 活動場地：交誼廳

5. 活動主題：跳跳猴大作戰

6. 領導者：○○○

7. 協助者：○○○

8. 參加人數：服務對象 10 人、服務人員 2 人

9. 參與對象：有意願參與之服務對象

10. 準備器材：

項目	物品	數量	備註
1	桌遊	1	
2	筆記本		
3	筆		

資料來源：作者製作。

11. 進行流程（單一課程範例）：

每次活動，帶領者依此範例操作進行。

時間	內容	備註
14：30-14：35	內容	協助帶領參與者至活動地點。
14：35-14：40	三分鐘呼吸空間實作	
14：40-14：50	帶領者活動目的解說與簡易示範	
14：50-15：45	跳跳猴大作戰（桌遊）遊玩	
15：45-16：05	活動帶領者引導參與者依序分享	
16：05-16：15	場復：整理場地	
16：15-16：30	活動帶領者進行活動紀錄撰寫	

資料來源：作者製作。

12. 預期效益：

(1) 經由辦理正念桌遊活動，增進參與者自我情緒覺察
能力，感受遊戲過程的競爭與歡樂，以達自我情緒
壓力的舒緩。

(2) 藉由正念桌遊活動，使參與者練習接納與不批判的
態度，進而類化正念的技術於生活中，增進自我日
常生活的接納與正面的態度，保持身心安定。

13. 活動經費概算：

	項目	單位	單價	數量	金額	說明
1	桌遊	組	依各項桌遊的單價費用編列	1	依各項桌遊的單價費用編列	活動用品使用完畢才補充新品，不是每場皆使用新品，所以活動費用可再降低。
2						
3						
總和						

資料來源：作者製作。

14. 團體回饋紀錄單：

正念桌遊團體回饋紀錄單：

團體名稱：正念桌遊團體　　第＿＿次

日期：＿＿年＿＿月＿＿日　　　　　　記錄人：＿＿＿＿＿＿

單元主題：＿＿＿＿＿＿＿ 時間：＿＿時＿＿分 - ＿＿時＿＿分 地點：交誼廳	
領導者	○○○
協同領導者	○○○（無可直接寫無）
協助成員	○○○、○○○（無可直接寫無）
出席成員	○○○、○○○、○○○、○○○、○○○、○○○、 ○○○、○○○
未出席成員	
團體表現	個別參與度：□非常好 □很好 □好 □不佳 □非常不佳 團體氣氛：□非常好 □很好 □好 □不佳 □非常不佳 團體回饋：□非常好 □很好 □好 □不佳 □非常不佳 團體動力：□非常好 □很好 □好 □不佳 □非常不佳
團體成員個別重要事件紀錄	A 參與者： B 參與者： C 參與者： D 參與者： E 參與者： F 參與者： G 參與者： H 參與者：
活動帶領人回饋與檢討改善之處	
督導回饋	

帶領人：＿＿＿＿＿＿　　督導：＿＿＿＿＿＿　　主管：＿＿＿＿＿＿

資料來源：作者製作。

15. 正念桌遊團體活動照片：

活動說明：

資料來源：作者製作。

16. 正念桌遊團體活動整體活動滿意度表：

填答人：＿＿＿＿＿＿＿　　　　　日期：＿＿＿年＿＿＿月＿＿＿日

編號	題目	非常滿意	很滿意	不滿意	非常不滿意
1	團體場地讓感到滿意				
2	團體內容讓我獲益良多				
3	團體中活動設備讓我能參與				
4	團體中我感受到安全				
5	團體中我可以充分表達				
6	團體中我可以自由發言				
7	團體中有因為我的狀況讓我可以表現				
8	團體中領導者表現讓我感到樂於參與				
9	團體中整體而言我樂於參與				
10	整體團體的參與讓我感到滿意				

建議：

1. 日後課程主題建議：＿＿＿＿＿＿＿＿＿＿＿＿＿＿＿＿＿＿＿＿＿

＿＿＿＿＿＿＿＿＿＿＿＿＿＿＿＿＿＿＿＿＿＿＿＿＿＿＿＿＿＿＿＿＿

＿＿＿＿＿＿＿＿＿＿＿＿＿＿＿＿＿＿＿＿＿＿＿＿＿＿＿＿＿＿＿＿＿

2. 本次活動受益之處：＿＿＿＿＿＿＿＿＿＿＿＿＿＿＿＿＿＿＿＿＿＿＿

＿＿＿＿＿＿＿＿＿＿＿＿＿＿＿＿＿＿＿＿＿＿＿＿＿＿＿＿＿＿＿＿＿

＿＿＿＿＿＿＿＿＿＿＿＿＿＿＿＿＿＿＿＿＿＿＿＿＿＿＿＿＿＿＿＿＿

3. 活動其他建議：＿＿＿＿＿＿＿＿＿＿＿＿＿＿＿＿＿＿＿＿＿＿＿＿＿

＿＿＿＿＿＿＿＿＿＿＿＿＿＿＿＿＿＿＿＿＿＿＿＿＿＿＿＿＿＿＿＿＿

＿＿＿＿＿＿＿＿＿＿＿＿＿＿＿＿＿＿＿＿＿＿＿＿＿＿＿＿＿＿＿＿＿

資料來源：作者製作。

17. 正念桌遊效益分析：

項目	測驗時機	平均數	*p*-value
憂鬱自我評估量表	前測	9.4	0.036*
	後測	10.4	
壓力知覺量表	前測	21.4	0.021*
	後測	22.5	

註：*$p < 0.05$, **$p < 0.01$, ***$p < 0.001$
資料來源：作者製作。

　　此部分針對參與正念桌遊團體活動方案前測與後測之差異分析，以前測與後測之比較進行分析。根據上表結果顯示，參與者參與正念桌遊團體活動方案，經憂鬱自我評估量表結果發現達顯著差異 ($p=0.036$，$p<.05$)，顯示對服務對象具有良好的憂鬱改善情形；在壓力知覺量表結果發現亦達顯著差異 ($p=-0.021$，$p<.05$)，顯示正念桌遊介入活動對服務對象具有良好的壓力改善情形。

11 長輩正念活動帶領要領

在正念的練習中，對當下的經驗保持覺察、接納與不評判的態度是重要的，這是正念練習核心的概念。然而在帶領服務對象中，會視服務對象的需求與活動進行部分事前與事後的評值，以衡量帶給服務對象的助益。以下為帶領正念活動結合服務對象特性的相關要領：

一、尊重每位長輩的參與意願

在長期照顧服務領域中，會有不同健康程度的長輩參與，面臨不同的生理與心理症狀，影響參與程度，以及受到病理性因素無法參與者。所以在執行正念多元介入活動時，應評估長輩的生心理狀況，並尊重長輩的參與意願。

二、活動過程鼓勵長輩覺察、接納與不批判

長輩參與活動過程，尤其是藝術活動，可能來自於年輕工作之影響，對於藝術的創作有時難免會有擔心之處，此時需要讓長輩有適時學習與成長的時間，鼓勵長輩體察自己內在的想法進行創作與藝術表現上，並未設定一致的審美觀念。如此能使長輩對於藝術創作，感到安心與自由，過程中鼓勵長輩覺察、接納與不批判，練習從藝術、園藝與行走中，感受當下自我的意念、想法與身體感受。

三、進行良好的生理與心理前後測評估

　　為了評估長輩的生理與心理需求，了解長輩參與正念
多元活動所獲得之效果以及改善情形，活動前應選擇適當
的量表為長輩進行生理與心理評估，並於整體活動結束後
進行後測評估，以檢驗長輩參與活動方案後之進步情形，
進而設計與改善更適合當下長輩的活動介入方案。

四、對長輩患側的評估

　　在執行正念多元介入方案中，長輩的患側可能有退化
或者是無法參與的情形，此時不應過度要求長輩參與，而
應讓長輩在活動中，適當的以正念覺察方式，感受自身意
念、想法與身體的情形，讓長輩能在活動中覺察自身的身
體狀況並適當參與，過程不強求、不過度介入長輩的運作，
而應讓長輩自在的以自身的能量去運行。

五、注意正念行走時長輩的安全

　　正念行走的操作對長輩而言，是一個有趣的行動，過
程中會發現與一般散步有所不同，可以靜心與自我身體對
話，感受自己的身體、內在與心理的想法，並感受身體的
任何感覺，包括不舒服感、無力感或者是疼痛感，並試著
與各種感覺和平共處。對長輩們而言，正念行走如同日常
生活中的行動，但是又能帶來不一樣的感受與學習。

12 結論

　　正念是一項方法，透過正念的運用，可以幫助自我達到體察自身意念與感受的能力，過程中可以獲得同理與專注的能力，進而使自己的想法、感受與行動一致，能接納自我，讓內心恢復平靜。正念與藝術、園藝、行走、牌卡與桌遊的結合，即在於透過多元的媒材，結合正念的練習，使服務對象於正念活動中，能夠以不同媒材多方探索自我的狀態與內在關係，進而發展自我同理、接納、靜觀與慈心，以及對於當下自身狀態的接納，達到關懷及友善的效果。

13 參考資料

丁于倩、趙淑員、藍育慧（2011）。園藝治療提升社區老
　　人身心健康之應用。社區發展季刊，第 136 期，頁
　　372-382。

王玲、孫敬哲（2016）。藝術治療教學方案對國小輕度障
　　礙學生提昇專注力之研究。雲嘉特教期刊。第 23 期，
　　頁 50-57。

王秀絨（2012）。團體工作運用藝術之理念及策略。社區
　　發展季刊。第 140 期。頁 41-52。

內政部統計處（2021）。現住人口按五歲年齡組分。檢索
　　日期：2021.05.05。檢索網址：http://www.moi.gov.tw/
　　stat/index.aspx。

方進隆（2017）。正念走路。臺北市：師大書苑有限公司。

古蕙萱（2019）。正念療癒的臨床應用。領導護理，第 20
　　期，頁 17-23。

江宛凌、陳慶福（2008）。以塔羅牌為諮商媒介所引發低
　　自尊當事人之重要事件與晤談感受初探研究。中華輔
　　導與諮商學報，第 24 期，頁 107-145。

朱素珠（2014）。正念取向幼兒情緒教育課程發展及其對
　　幼兒情緒能力影響之行動研究—以新竹縣某幼兒園為
　　例（未出版碩士論文）。新竹市：玄奘大學應用心理
　　學系。

台灣藝術治療學會（2014）。藝術治療的定義。檢索日期：
　　2021.02.21。 檢 索 網 址：https://www.arttherapy.org.
　　tw/arttherapy/post/post/data/arttherapy/tw/what_is_art_
　　therapy/。

呂彥萱、陳心怡、唐怡楨、童伊迪（2014）。老人因病致
　　障於社區照顧介入其生活影響之研究—以中部地區為
　　例。台灣社區工作與社區研究學刊，第 4 卷第 1 期，
　　頁 41-82。

呂俊宏、劉靜女譯（2002）。繪畫評估與治療—心理衛生專
　　業人員指南。臺北：心理出版社。

吳芳如（2013）。園藝治療對於改善護理人員工作壓力之
　　成效探討。未出版之碩士論文，嘉義：南華大學自然
　　醫學研究所。

李明濱（2009）。心情溫度計（一版）。臺北市：全國自
　　殺防治中心。

邱文璽、李選、何蕎若（2021）。桌遊學習的設計與應用—
　　以內外科護理教學為例。第 68 卷第 6 期，頁 6-12。

林昭吟（2008）。身心障礙者老化現象之概念探討與初探
　　性實證研究。東吳社會工作學報，第 19 期，頁 37-
　　80。

林義學（2018）。老人敘事團體之效益研究。2018 未樂研
　　討會，頁 179-190。宜蘭：佛光大學。

林義學、曾怡芬、李雅惠、黃秋蓮、謝怡君、羅康玲、謝
　　坤達（2020）。失智據點運用正念藝術療法之效益初

探。2020 大學社會責任暨社會工作實務研討會，頁
117-134。苗栗：廣亞學校財團法人育達科技大學。

林義學、張文斌、黃馨誼、劉昀柔、楊琇雲、林芳如、張
碧晏、陳佳好（2020）。正念藝術治療在關懷據點之
運用服務。2020 大學社會責任暨社會工作實務研討會，
頁 154-166。苗栗：廣亞學校財團法人育達科技大學。

林義學、賴俊旭、江美羚、于大鈞、黃于庭、鄭世昌、游
佳軒、林羽澄（2020）。正念園藝治療在身心障礙服
務初探性研究。2020 大學社會責任暨社會工作實務研
討會，頁 98-116。苗栗：廣亞學校財團法人育達科技
大學。

侯禎塘、陳慧真（2007）。藝術治療團體於憂鬱症患者之
介入研究。特殊教育叢書—特殊教育現在與未來。第
45437 期。頁 35-52。

姚卿騰、陳宇嘉（2018）。社區老人參與藝術治療懷舊團
體對其生命意義與自我生命統整成效之探討。逢甲人
文社會學報。第 37 期，頁 37-67。

高興桂（2012）。老年人身體活動與醫療看診次數之關係
研究。中原體育學報，第 1 期，頁 214-224。

邱綺漪（2018）。驗證園藝治療對失智長者健康狀態及福
祉效益之成效（未出版碩士論文）。臺北市：國立臺
北護理健康大學護理系碩士論文。

南投縣政府衛生局（2019）。老人憂鬱量表調查表（GDS）。
檢索日期：2020.11.5。檢索網址：https://www.ntshb.

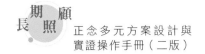

gov.tw/bureau_14/Files/Information/20160201230417_%
E8%80%81%E4%BA%BA%E6%86%82%E9%AC%B1
%E9%87%8F%E8%A1%A8%E8%AA%BF%E6%9F%A
5%E8%A1%A8(GDS).pdf。

侯致遠、林義學、曾怡芬、謝佳勳、郭怡雯、林夢竹、劉
瑋旂（2020）。正念行走在日間照顧中心照顧服務運
用初探。2020 大學社會責任暨社會工作實務研討會，
頁 32-46。苗栗：廣亞學校財團法人育達科技大學。

教育部體育署（2010）。我國老人運動政策之研究報告書。
檢索日期：2020.12.03。檢索網址：https://www.sa.gov.
tw/Resource/Other/f1387368801925.pdf。

陳介宇（2010）。從現代桌上遊戲的特點探討其運用於兒
童學習的可行性。國教新知，第 57 卷第 4 期，頁 40-
45。

陳玉敏、紀政儀（2015）。園藝治療對護理之家老年住民
心理社會健康之成效：前驅性研究。The Journal of
Nursing Research。第 23 卷第 3 期，頁 167-171。

陳秀惠、林品瑄、楊尚育、李雅珍（2017）。體能活動介
入對社區高齡者功能性體適能之影響。臺灣職能治療
研究與實務雜誌，第 13 卷第 2 期，頁 71-82。

陳德中、溫宗堃譯（2013）。正念減壓初學者手冊（原作者：
Jon Kabat-Zinn）。臺北：張老師文化（原著出版年：
2012）。

陳嫣芬、林晉榮（2006）。社區老人身體活動與生活品質

相關之研究。體育學報，第 39 卷第 1 期，頁 87-99。

陳囿蓉（2011）。藝術治療用於少年收容人之敘說研究（未出版碩士論文）。新竹市：玄奘大學應用與心理學系碩士論文。

陳增穎、周吟樺（2014）。藝術媒材介入成長團體提昇大學生自我概念之初探性研究。台灣藝術治療學刊，第 3 卷第 2 期，頁 47-65。

張惠閔（2014）。應用正念瑜珈對老年人憂鬱傾向改善之研究（未出版碩士論文）。臺中：中臺科技大學醫療暨健康產業管理系碩士班。

國家發展委員會（2020）。人口推估。檢索日期：2021.05.05。檢索網址：https://www.ndc.gov.tw/Content_List.aspx?n=695E69E28C6AC7F3。

國學菌（2020）。玩桌遊的妳瞭解他的起源發展史嗎？檢索日期：2021.12.04。檢索網址：https://kknews.cc/zh-tw/game/yjqm8pg.html [Guo, X. J. (2020, March 19). *Board games– Do you know their history?* https://kknews.cc/zh-tw/game/yjqm8pg.html。

翁雪芳、陳敏麗（2013）。運用冥想式放鬆技巧於一位乳癌手術後病患之護理經驗。新臺北護理期刊，第 15 卷第 1 期，頁 79-88。

許雅貞（2012）。以卡片媒材吸引大學生了解諮商輔導資源之應用與省思。諮商與輔導，第 321 期，頁 50-54。

郭梵韋（2016）。正念療法的佛教禪修蘊含之研究—以喬‧

卡巴金與馬克‧威廉斯為中心（未出版碩士論文）。
　　嘉義縣：南華大學生死學系哲學與生命教育碩士班。

郭彩雲、洪瑞蘭、連心彤、林麗英、鄭淑芬（2020）。實
　　證研究之臨床應用—園藝治療是否可改善住院病人之
　　健康結果？高雄護理雜誌，第 37 卷第 2 期，頁 20-
　　32。

郭毓仁（2002）。園藝與景觀治療理論及操作手冊。臺北市：
　　中國文化大學景觀學研究所。

郭毓仁（2011）。利用園藝活動促進國小學童知識及行為
　　之研究。臺灣農業學報，第 12 期，頁 18-26。

郭毓仁（2017）。園藝療法實案操作—撫慰智能障礙者的
　　綠參與。臺北：詹氏書局。

黃傳永、郭淑惠（2018）。藝術治療團體運用於失智長者
　　之效果研究。教育科學研究期刊。第 63 卷第 2 期，頁
　　45-72。

常慧、靳桂芳（2011）。桌上遊戲對成年人玩具設計的啟示。
　　藝術教育，第 10 期，頁 152。

崔鴻義（2019）。壓力管理介入—以正念減壓法介入為例。
　　關照季刊，第 8 期，頁 40-42。

溫宗堃（2015）。醫療的正念：機會與挑戰。福嚴佛學研究，
　　第 10 期，頁 106-126。

溫芯寧、吳宏蘭、康思云（2016）。藝術創作活動於長照
　　機構老人實務應用。臺灣老人保健學刊。第 12 卷，第
　　1 期，頁 22-36。

楊秋燕、陳明淑、沈金蘭、郭俊巖（2017）。以遊會友桌
　　遊處遇團體研究－南區老人之家為例。社會發展學刊，
　　第 19 卷，頁 78-111。

楊淑貞（2011）。藝術圖卡於諮商輔導中之運用。諮商與
　　輔導，第 307 期，頁 58-61。

董淑娟（釋常佼）（2014）。養護中心老人正念應用行動
　　研究（未出版碩士論文）。嘉義縣：南華大學非營利
　　事業管理學系碩士論文。

蔡淑文、詹馥蓮、謝佳蓉、胡孟芳、林婉棋、蔡碧藍
　　（2020）。「銀髮智無窮」桌遊產品設計。福祉科技
　　與服務管理學刊，第 8 卷第 2 期，頁 177-192。

蔡維廷（2017）。正念教學對資源班學生正念行為之成效
　　（未出版碩士論文）。臺中市：國立臺中教育大學特
　　殊教育學系碩士班。

廖以誠、葉宗烈、楊延光、盧豐華、張智仁、柯慧貞、駱
　　重鳴（2004）。台灣老年憂鬱量表之編製與信、效度
　　研究。台灣精神醫學，第 18 卷，第 1 期，頁 30-40。

衛生福利部心理及口腔健康司（2017）。心情溫度計─簡
　　式心理健康量表。檢索日期：2020.11.25。檢索網址：
　　https://dep.mohw.gov.tw/domhaoh/cp-341-29919-107.
　　html。

衛生福利部統計處（2018）。老人狀況調查報告。檢索日期：
　　2020.11.29。檢索網址：https://dep.mohw.gov.tw/dos/
　　lp-1767-113.html。

衛生福利部統計處（2020）。身心障礙統計一覽表。檢索日期：2021.05.05。檢索網址：https://dep.mohw.gov.tw/dos/cp-4646-50610-113.html。

鄭雅之、黃淑玲（2016）。正念培育歷程初探。中華輔導與諮商學報，第 46 期，頁 63-92。

鄭智勇（2008）。生命的更新—園藝療法對受戒治人的影響（未出版碩士論文）。臺北市：臺灣大學園藝學研究所。

龍紀萱、許靜儀、李依臻（2016）。日間照顧中心高齡者參與體適能活動對身心健康之影響。長期照護雜誌，第 20 卷第 3 期，頁 253-268。

顏如佑、柯志鴻、楊明仁、施春華、黃維仲、廖瑛鈿、李明濱（2005）。臺灣人憂鬱量表與簡式症狀量表使用於大規模社區憂鬱症個案篩選之比較。北市醫學雜誌，第 2 卷第 8 期，頁 737-744。

譚紅珠（2019）。正念冥想對阿茲海默病患者的認知能力及元認知水準影響。山西醫藥雜誌，第 48 卷第 12 期，頁 1515-1517。

羅稀宸（2020）。正念練習實施於六年級生之覺察經驗（未出版碩士論文）。桃園市：中原大學教育研究所。

蘇益賢（2013）。佛學智慧：正念在臨床心理學中的運用（未出版專題論文）。臺北市：國立政治大學心理學研究所諮商與臨床心理學組。

Boghian, I., Cojocariu, V. M., Popescu, C. V., & Mâță, L. (2019). Game-based learning. Using board games in adult education. *Journal of Educational Sciences and Psychology, 9*(1), 51-57.

Carlson, L. E., Speca, M., Patel, K. D., & Goodey, E. (2003). Mindfulness-based stress reduction in relation to quality of life, mood, symptoms of stress, and immune parameters in breast and prostate cancer outpatients. Psychosomatic Medicine, 65, 571–581.

Kabat-Zinn, J. (2003). Mindfulness-based interventions in context: Past, present, and future. Clinical Psychology: Science & Practice, 10 , 144-156.

14 附件

※ 簡式健康量表（BSRS-5）

　　請圈選最近一個星期（含今天），個案對下列各項造成困擾的嚴重程度（個案感受）。

	不會	輕微	中等程度	嚴重	非常嚴重
（1）睡眠困難，譬如難以入睡、易醒或早醒	0	1	2	3	4
（2）感覺緊張或不安	0	1	2	3	4
（3）覺得容易苦惱或動怒	0	1	2	3	4
（4）感覺憂鬱、心情低落	0	1	2	3	4
（5）覺得比不上別人	0	1	2	3	4
★有自殺的想法	0	1	2	3	4

請填寫檢測結果：（1）-（5）題總分：_____分，★自殺想法：_____分。

說明：

1. （1）至（5）題之總分：
   (1)得分 0-5 分：身心適應狀況良好。
   (2)得分 6-9 分：輕度情緒困擾，建議找家人或朋友談談，抒發情緒，給予情緒支持。
   (3)得分 10-14 分：中度情緒困擾，建議尋求心理諮商或接受專業諮詢。
   (4)得分 > 15 分：重度情緒困擾，需高關懷，建議轉介精神科治療或接受專業輔導。

2. ★「有無自殺想法」單項評分：
   本題為附加題，若前 5 題總分小於 6 分，但本題評分為 2 分以上時，建議至精神科就診。

資料來源：顏如佑等人（2005）。引自衛生福利部心理及口腔健康司（2017）。

※ 老人憂鬱量表（GDS）簡式

姓名：_____　　　　　　日期：____年____月____日

1. 性別：□男　□女

2. 生日：____年____月____日，滿____歲

3. 請問您目前居住狀況：□獨居　□與家人同住　□其他

4. 婚姻狀況：□未婚　□已婚　□離婚　□喪偶　□其他

5. 教育程度：□不識字　□識字但未就學　□國小　□國中
　　　　　　□高中（職）　□大專　□研究所以上

6. 常用語言：□國語　□客語　□閩南語　□原住民語　□其他

7. 經濟收入：□低收入戶　□中低收入戶　□一般戶

8. 宗教信仰：□道教　□佛教　□基督教　□天主教　□其他　□無

9. 睡眠狀況：□良好　□入睡困難　□睡眠中斷　□早醒　□其他

10. 一年內有無重大事件發生：□無　□有，

　　a. □親友死亡　b. □身體疾病　c. □被騙錢　d. □其他

11. 疾病史：□無　　□有，

　　a. □癌症　b. □高血壓、糖尿病、心臟病

　　c. □憂鬱症　d. □精神相關疾病

　　e. □其他疾病（請說明疾病名稱）_____

12. 自覺健康狀況：

　　□身心完全健康，無須他人照顧

　　□身心不健康，但也不需他人照顧

　　□身心不健康，且需他人部分照顧

　　□身心非常不健康，且需他人大部分照顧

情況描述	否	是	得分
1. 請評估過去一星期中的情況： 基本上，您對您的生活滿意嗎？（否，得1分）			
2. 您是否常常感到厭煩？（是，得1分）			
3. 您是否常常感到無論做什麼，都沒有用？ （是，得1分）			
4. 您是否比較喜歡待在家裡而較不喜歡外出及不 喜歡做新的事？（是，得1分）			
5. 您是否感覺您現在活得很沒有價值？ （是，得1分）			
6. 您是否減少很多的活動和嗜好？（是，得1分）			
7. 您是否覺得您的生活很空虛？（是，得1分）			
8. 您是否大部分時間精神都很好？（否，得1分）			
9. 您是否害怕將有不幸的事情發生在您身上嗎？ （是，得1分）			
10. 您是否大部分的時間都感到快樂？ （否，得1分）			
11. 您是否覺得您比大多數人有較多記憶的問題？ （是，得1分）			
12. 您是否覺得現在還能活著是很好的事？ （否，得1分）			
13. 您是否覺得精力很充沛？（否，得1分）			
14. 您是否覺得您現在的情況是沒有希望的？ （是，得1分）			
15. 您是否覺得大部分的人都比您幸福？ （是，得1分）			

資料來源：南投縣政府衛生局（2019）。

※ 園藝治療福祉效益前後測問卷表

項目	前 / 後側	完全 不同意	不同意	還好	同意	完全 同意
我的肢體運動夠強	前測	1	2	3	4	5
	後側	1	2	3	4	5
我有興趣嗜好	前測	1	2	3	4	5
	後側	1	2	3	4	5
我覺得心情放鬆	前測	1	2	3	4	5
	後側	1	2	3	4	5
我具有成就感	前測	1	2	3	4	5
	後側	1	2	3	4	5
我的認知清楚容易下決定	前測	1	2	3	4	5
	後側	1	2	3	4	5
我有良好的社交技巧	前測	1	2	3	4	5
	後側	1	2	3	4	5
我擅長園藝栽培技術	前測	1	2	3	4	5
	後側	1	2	3	4	5

前測日期：＿＿＿＿＿＿＿後測日期：＿＿＿＿＿＿＿

前測分數：＿＿＿＿＿＿＿後測分數：＿＿＿＿＿＿＿

資料來源：郭毓仁（2011）。

國家圖書館出版品預行編目資料

長期照顧正念多元方案設計與實證操作手冊
（二版）：老人（銀髮族）、身心障礙（心智與
精神障礙）朋友以藝術、園藝、行走、牌卡、
桌遊為樂齡活動帶領 ／ 林義學編著. -- 二
版. -- 臺北市 ： 五南圖書出版股份有限公
司, 2021.12
　　面；　公分
ISBN 978-626-317-496-2(平裝)

1.CST: 老人養護 2.CST: 休閒活動
544.85　　　　　　　　　　110021630

4E05

長期照顧正念多元方案設計與實證操作手冊（二版）——
老人（銀髮族）、身心障礙（心智與精神障礙）朋友以藝術、園藝、行走、牌卡、桌遊為樂齡活動帶領

作　　者－林義學

發 行 人－楊榮川

總 經 理－楊士清

總 編 輯－楊秀麗

副總編輯－李貴年

責任編輯－何富珊

封面設計－王麗娟

出 版 者－ 五南圖書出版股份有限公司

地　　址：106台北市大安區和平東路二段339號4樓

電　　話：(02) 2705-5066　　傳　　真：(02) 2706-6100

網　　址：https://www.wunan.com.tw

電子郵件：wunan@wunan.com.tw

劃撥帳號：01068953

戶　　名：五南圖書出版股份有限公司

法律顧問　林勝安律師

出版日期　2021年 6月初版一刷
　　　　　2021年12月二版一刷
　　　　　2023年 9月二版二刷

定　　價　新臺幣400元